AF453470

MÉMOIRES

SUR

RAOUL DE COUCY.

TOME PREMIER.

MÉMOIRES

HISTORIQUES

SUR

RAOUL DE COUCY.

ON Y A JOINT

Le Recueil de ſes Chanſons en vieux langage,
avec la Traduction & l'ancienne Muſique.

A PARIS,

De l'Imprimerie de Pʜ.-D. PIERRES,
Imprimeur ordinaire du Roi.

M. DCC. LXXXI.
Avec Approbation, & Privilège du Roi.

AVERTISSEMENT.

CE qui a rapport à l'illustre & ancienne Maison de Coucy nous a paru si inté-ressant, que nous avons rassemblé en deux petits volumes tout ce qu'en a dit l'Auteur de l'Essai sur la Musique. Nous y avons ajouté l'Extrait d'un Mémoire intitulé, Fragment de la Généalogie de la Maison de Coucy, &c. par M. Cherin, pour la présentation de MM. de Coucy à la Cour ; & nous avons orné cette Edition, faite avec le plus grand soin, des portraits du Châtelain de Coucy, & de M. & de Mme. de Faïel, tirés d'un manuscrit du treizième siècle, ayant pour titre : Romans du Châtelain de Coucy & de la Dame

de Faïel, *que l'on peut voir à la Biblio-*
thèque du Roi, n° 195.

On trouvera dans le premier volume :

1°. *Une Dissertation de M.* de Laborde,
qui prouve quel est le véritable Raoul
de Coucy, *amant de la* Dame de
Faïel, & *Auteur des chansons,* (page 1.)

2°. *Des éclaircissemens sur les terres de*
Faïel, Levergies & Coucy, (*pag.* 30.)
3°. *Le Mémoire de M.* Cherin *sur la*
Généalogie *de la* Maison de Coucy,
(*page* 38.)

4°. *La Traduction du récit d*'Hémeray,
Chanoine de Saint-Quentin, Auteur de
l'Histoire du Vermandois & *de l'*E-

glife de Saint-Quentin, (*Augustæ Viromanduorum Vindicta*), (*page* 85.)

5°. *L'Extrait du Roman du* Châtelain de Coucy *& de la* Dame de Faïel, (*page* 91.)

6°. *La Chronique écrite vers* 1380, *& citée par* Fauchet, (*page* 103.)

7°. *La fuite des* Châtelains de Coucy, *prouvée par titres*, (*page* 107.)

Et dans le fecond volume :

Toutes les Chanfons du Châtelain *en original*, *avec la traduction, que l'on trouve dans l'Effai fur la Mufique.*

Nous y avons ajouté la mufique qui manque à vingt chanfons des vingt-quatre rapportées dans cet Ouvrage. Elle a été gravée avec le plus grand soin d'après les manuscrits du Roi & de M. le Marquis de Paulmy.

RAOUL DE COUCY
CHATELAIN DE COUCY

RAOUL DE COUCY.

LA célébrité du Châtelain de Coucy , celle de ses chanfons , l'hiftoire de fes amours avec la dame de Faïel , nous ont engagés à traiter un fujet auffi intéreffant. .

Nous avons efpéré que nos Lecteurs nous fauraient gré de tous les efforts que nous avons faits pour démêler les erreurs de plufieurs Hiftoriens & Romanciers qui ont attribué à Raoul I, fire de Coucy , des chanfons qu'il n'a pas faites , & un amour dont fon âge & les circonftances empêchent de croire qu'il ait été fufceptible.

Nous donnerons d'abord une notice généalogique de l'illuftre maifon de Coucy. Viendra après un extrait de la vie du célèbre Châtelain de ce nom. Il fera fuivi , en forme de preuves , des chanfons qu'on lui attribue , & qui ont un caractère de vérité inconteftable.

Duchefne , auteur eftimé (1) , affure , dans fon hiftoire de la maifon de Coucy , qu'elle vient d'*Enguerrand de Boves* , qui devint

____

(1) Et dom Touffaint Dupleffis , dans fon hiftoire de la ville & des feigneurs de Coucy.

A

poſſeſſeur en 1080 du château de Coucy, dont il donna le nom à ſes deſcendans.

La maiſon de *Boves* tirait ſon origine d'un ſeigneur appellé *Dreux* ou *Drogon*, qui s'illuſtra ſous les règnes de Robert & de Henri I, rois de France.

Enguerrand I, comte d'Amiens, ſeigneur de Boves (2) & de la Fère, acquit la ſeigneurie de *Coucy* (3). Un acte qui exiſte encore, lui donne le titre de *très-noble Prince*, mort en 1116 (4).

(2) La maiſon de Boves fut appelée ainſi d'un ancien château voiſin de la ville d'Amiens, qui eſt devenu célèbre dans notre hiſtoire, & que Guillaume le Breton a décrit dans ſa Philippide comme une place très-forte. *Voyez* Ducheſne, pag. 188 & ſuiv. Malbrancq, *de Morinis*, *in*-4, tom. 2, pag. 89.

(3) Ce château, qui a donné le nom à l'une des plus illuſtres maiſons de France, eſt dans le Vermandois, & dans une des plus belles & des plus heureuſes poſitions: il eſt ſur une montagne elevée. La tour qu'on en regardait comme imprenable avant l'invention du canon, a cent ſoixante-douze pieds de hauteur & trois cents cinq de circonférence. Le tremblement de terre du 18 ſeptembre 1692 l'a fendue du haut en bas.

(4) Un acte paſſé par lui à Laon, l'an 1118, en préſence de Barthelemi, évêque de Laon, &c., & de *Gui*, *châtelain de Coucy*, prouve qu'il ne faut pas confondre les châtelains ou gouverneurs, avec les ſires ou ſeigneurs, de *Coucy*, puiſqu'alors Enguerrand I était ſeigneur de Coucy, & que Gui en était châtelain. Cette note eſt eſſentielle pour la

Son fils, *Thomas de Marle*, feigneur de Boves
& de la Fère, & comte d'Amiens, fut fanieux
par fa cruauté. Il prit fon nom de fa mére *Ade*
de Marle, & fut le premier qui prit le titre de
fire de Coucy par *la grace de Dieu*. Il fut un
ardent ennemi des moines; fit maffacrer l'évêque de Laon, après l'avoir mutilé, & tua de fa
propre main trente hommes qui accompagnaient
ce malheureux évêque. Il mourut à Laon en
1130 (5).

Son fils *Enguerrand II* (6) époufa en 1131
Agnès de Boiffency, dont il eut *Raoul I &
Enguerrand.*

S'étant croifé, ainfi qu'Evrard de Breteuil fon
beau-frère, pour accompagner le roi Louis-le-

fuite. *Voyez* Duchefne, hiftoire de la maifon de Coucy,
page 195.

(5) Ce Thomas de Marle & de Coucy écrivit en vieux
français la loi de Vervins, dans le pays de Thiérache en
Picardie. *Voyez* parag. 61 de l'avertiff. qui eft à la tête du
titre 7 de l'hift. littéraire de la France, *in-4.*

(6) Mademoifelle de Luffan, dans fes Anecdotes de la
cour de Philippe-Augufte, peint Enguerrand II comme un
homme dur, févère & prefque infenfible, quoiqu'il fût le
plus doux de tous les hommes. La fille qu'elle lui donne,
& Roger, comte de Rhétel, qu'elle dit en avoir été le
mari, n'ont jamais exifté; tout cet épifode eft abfolument
de fon invention;

Jeune au voyage de Jérusalem, ils y moururent tous deux vers l'an 1147.

Son fils *Raoul I*, *sire de Coucy*, seigneur de Marle, de la Fère, Crecy, Vervins, Landouzy & Pinon, est celui à qui on a attribué sans raison les chansons que nous avons sous le nom du *Châtelain de Coucy*, & qu'on prétend avec si peu de fondement avoir été l'amant de la dame de *Faïel*.

Né vers 1134, il avait épousé, vers 1154, *Agnès de Hainault*, fille du comte Baudouin, dont il n'eut que trois filles.

La première fut *Yolande*, qui épousa Robert II, comte de Dreux, petit-fils de Louis-le-Gros ; & de ce mariage vint, entr'autres, une fille, mariée à *Renaut de Choiseul*, tige de tous les *Choiseul* qui existent aujourd'hui.

La seconde fut *Isabeau*, qui épousa en premières noces (selon Duchesne) *Raoul*, *comte de Roucy*, (& selon Moréri) *Raoul*, *comte de Coucy*, dont nous parlerons bientôt ; & en secondes noces, Henri, comte de *Joyeuse Grand-Pré*, d'où sont venus tous les *Joyeuse*.

La troisième fut *Ade de Coucy*, mariée à *Thierry*, seigneur de *Beure*.

On ne saurait trop admirer la grandeur d'ame de *Raoul I* ; car lorsque *Philippe d'Alsace*, comte de Flandres, oncle & tuteur de *Philippe*

Augufte, voulut s'emparer du duché de Valois & du comté de Vermandois, dont il fe prétendait héritier légitime, *Raoul* fut le premier à remontrer au roi l'injuftice du comte, & à lui confeiller de s'y oppofer : cependant il ne doutait pas qu'au premier fignal de la guerre, fes domaines ne fuffent pillés & dévaftés par le comte de Flandres, qui était fon plus proche voifin.

Ce puiffant (7) & généreux feigneur, ayant perdu fa femme en 1173, époufa en fecondes noces, l'année fuivante, *Alix de Dreux*, princeffe du fang, fœur de *Robert II*, comte de Dreux, qui époufa en même tems *Yolande de Coucy*, fille aînée de *Raoul* & d'*Agnès de Hainault*. Par ces deux alliances, il devint gendre d'un fils de France (Robert I de Dreux, fils de Louis-le-Gros), beau-pere d'un prince du fang (Robert II de Dreux), &

(7) Sa puiffance était telle, qu'avant d'avoir époufé une petite-fille de France, il avait un chambellan, un bouteiller, &c. en un mot, tous les grands officiers qui font réfervés aux maifons fouveraines. Au refte cela n'etait pas particulier à Raoul I de Coucy. Jadis les ducs & comtes avaient les mêmes officiers, témoins les comtes de Champagne. *Voyez* pages 237, 248 des Mémoires hiftoriques & critiques pour l'hiftoire de Troyes, *in-8*, 1774, tome I.

A 3

couſin-germain par ſa femme du roi Philippe-Auguſte.

En 1190, avant de partir pour la Terre-Sainte à la ſuite du roi, il fit ſon teſtament (8),

(8) Teſtament de Raoul, premier ſeigneur de Coucy, extrait du livre 1 de l'hiſtoire de la maiſon de Coucy, écrite par François Lalouete.

« Moi Raoul, ſeigneur de Coucy, veux qu'il ſoit notoire à tous, préſens & futurs, qu'étant prêt à partir pour Jéruſalem, & craignant qu'il ne s'élève quelques difficultés entre mes enfans, au ſujet de la part de chacun d'eux, j'ai diſpoſé de mes biens, ſelon que je l'ai jugé convenable, & après avoir pris le conſeil des gens de probité qui me ſont attachés.

J'ai donc donné à Enguerrand, mon fils aîné, toutes mes terres & ſeigneuries, pour être par lui poſſédées paiſiblement, & ſans réclamation quelconque, excepté les démembremens qui en ont été faits en faveur de mes autres enfans, & qui ſont tels :

Je veux que Thomas, mon fils, ait en libre & tranquille poſſeſſion, & ſans être inquiété de perſonne, Vervins, Fontaine & Landouzy ; & qu'il retire annuellement ſur les droits de vinage de Vervins & de Landouzy ſoixante livres en monnoie, telle qu'on l'emploiera dans leſdits vinages ; & dans toutes ſes poſſeſſions, il ſera homme-lige de ſon frère Enguerrand.

J'ai aſſigné à Raoul, qui poſsède un titre clérical, quarante livres pariſis de rente, à prendre ſur mes revenus de Roye, & ce, tout le tems de ſa vie.

Quant à Robert, il aura pour ſa part tous les biens qui

qui nous a été confervé par Lalouete ; & ayant
été tué l'année fuivante au fiège d'Acre en

m'ont été apportés en mariage par fa mère, & ma terre de
Pinon, avec la redevance entière d'un certain bois que
l'on nomme vulgairement le paffage de Pinon ; & il tiendra
tous ces biens à la charge de plein hommage à fon frère
Enguerrand : & s'il arrive que ledit fieur Enguerrand vienne
à mourir fans héritier, tout ce qui lui a été affigné pour
fa part retournera à Thomas fon frère : & fi au contraire
un defdits enfans, quel qu'il foit, vient à décéder fans
laiffer d'héritier, fa part retournera entièrement à l'aîné.

Pour ce qui eft de ma fille Agnès, je lui donne mille &
fix cents livres, monnoie d'Artois, à prendre fur les
revenus de Marle & Crecy ; laquelle fomme elle fera
l'efpace de huit ans à recevoir, à commencer feulement
trois ans échus après mon départ. Ainfi, le jour de faint
Remi de chaque année, elle recevra cent livres à Marle,
& les cent autres livres reftantes à Crecy ; & l'on
chargera l'églife de Prémontré du foin de lui faire toucher
fes revenus.

Et s'il arrive que, pendant mon voyage d'outre-mer,
je vienne à décéder, fi de même ladite Agnès ma fille
ceffe de vivre avant d'être mariée, tout ce qui lui reftera
d'argent comptant fera partagé en deux moitiés, dont une
fera donnée à Alix fa mère, qui eft mon époufe, & l'autre
fera léguée en aumône aux Hofpitaliers, aux Templiers &
à l'églife de Prémontré, pour être partagée par égale part.

Et enfin s'il nous arrive, à Alix ma femme ainfi qu'à
moi, de mourir, une moitié de ladite fomme paffera à mon
fils aîné, & l'autre aura fa première deftination.

J'entends que mes poffeffions, ainfi que les droits d'Alix

Paleſtine (9), âgé de cinquante-ſept ans , ſon corps fut rapporté en Picardie , à l'abbaye de Foigny. Alix ſa veuve vivait encore en 1212.

Il laiſſa de ſon ſecond mariage : 1°. *Enguer-rand III* , qui fit rebâtir le château de *Coucy* , dont on voit encore des reſtes conſidérables , & ſe diſtingua beaucoup à la bataille de Bouvines. Quelques hiſtoriens prétendent que, pendant la minorité de S. Louis , les plus grands ſeigneurs de France s'étant ligués contre la Maiſon roya-le , offrirent la couronne à Enguerrand (10) , qui

ma femme, ne ſoient aucunement grévés , voulant que mes arrangemens, même ſignés de moi , ſoient tout le tems que je vivrai dépendans de ma volonté; or, pour que cet acte de partage de mes biens ſoit authentique & irrévocable (à moins cependant que je ne ſois porté à y changer quelque choſe), j'ai voulu qu'il fût écrit , & ſcellé de mon ſceau. Fait l'an de l'incarnation de J. C. 1190 ,,. Nous avons cru faire plaiſir à nos lecteurs en rapportant ici cette pièce intéreſſante , quelque étrangère qu'elle ſoit à notre ſujet. L'original eſt en latin.

(9) Le chanoine Morlière prétend que Raoul de Coucy ne fut pas tué au ſiège d'Acre, mais que ce fut Robert de Boves ; pag. 260 , des illuſtres maiſons de Picardie, *in-fol.* Quand il aurait raiſon , cela ne nuirait pas à notre opinion ſur le Coucy qui a été l'amant de la belle Faïel , & l'auteur des chanſons.

(10) Lalouete prétend que le Coucy qui fut élu roi ſous la minorité de S. Louis, fut Enguerrand II ; il ſe trompe. *Voyez* fol. 136 de ſon traité des Nobles , & des vertus dont

COUCY LE CHATEAU.

eut la générofité de la refufer. Sa devife prou-
vait fa noble fimplicité :

" Je ne fuis roi ne duc , prince ne comte auffi ;
      Je fuis le fire de Coucy „.

Sa mort fut auffi funefte que fingulière : en paf-
fant à gué une petite rivière (11) , fon cheval le
jeta à la renverfe ; & fon épée étant fortie du
fourreau , il tomba fur la pointe. Sa branche fut
éteinte en 1311, en la perfonne d'Enguerrand IV,
fon fecond fils ; l'aîné Raoul II (12) fut **tué en**

ils font formés , &c. A Paris, chez Robert le Manier ,
M. D. LXXVII. *in*-4.

(11) Auprès de *Gerfis* , château à une lieue de Vervins &
à trois ou quatre de Marle , fur une petite rivière qui
prend fa fource auprès de l'abbaye de Thenailles.

(12) En rapportant la chanfon du roi de Navarre dans
laquelle il parle de Raoul en ces termes :

> *Raoul , Turc ne Arabi*
> *N'ont riens du vâtre falfi ;*
> *Revenez par tans en arrière:*

M. Leveque de la Ravallière ajoute ces mots : " Je ferais
tenté de croire que le Raoul de la chanfon était le châtelain
de Coucy , célèbre par fes poéfies & par fes amours „.
Nous nous flattons de prouver que ce Raoul tué en Egypte
n'eft pas l'auteur des chanfons ; mais il eft très-poffible qu'il

1250 à la Maſſoure en Egypte, près du comte d'Artois, frère de ſaint Louis, qu'il défendait au prix de ſon ſang (13). Ce fut cet Enguerrand IV

ſoit celui dont parle Thibaut. Il était petit-fils de *Raoul I*, *ſire de Coucy*; & Joinville nous apprend qu'il fut tué à la Maſſoure: "Là, dit-il, fut tué le comte d'Artois, & le ſire de Coucy qu'on appelait Raoul „. La chanſon que M. Leveque de la Ravallière dit être de *Raoul de Coucy*, & qui eſt adreſſée au roi de Navarre, n'eſt pas de lui, mais de *Raoul de Soiſſons*. On la trouve dans le manuſcrit de M. le marquis de Paulmy. Elle commence ainſi: *Roy de Navarre, ſire de Vertu*; & elle eſt ſous le nom de *Raoul de Soiſſons*; ce qui prouve encore que M. de la Ravallière a fait une erreur lorſqu'il dit (tome 2, page 79) que les manuſcrits ne le nomment ſimplement que *Raoul de Soiſſons*, puiſque celui de M. le marquis de Paulmy l'appelle *meſſire Raoul de Soiſſons*; d'où l'on peut conclure qu'il était parent & peut-être frère de *Jean*, comte de *Soiſſons*, qui vivait alors.

Thibaut adreſſe une autre chanſon au même Raoul, qui commence par ces mots: *Sir, loés moi à choiſir*, &c. Il lui propoſe une queſtion à décider; c'eſt de ſavoir lequel eſt préférable de ſentir & baiſer ſa maîtreſſe, ſans la voir & lui parler; ou bien de la voir & de lui parler, ſans la ſentir ni la toucher.

(13) Jean le Carpentier a prétendu que ce Raoul II fut l'amant de la dame de Faiel; *voyez* p. 238, tome 1, *hiſtoire de Cambray, in*-4. Leyde, chez l'auteur, CIƆIƆCLXIV. Il y a apparence qu'il ſe trompe, puiſque le même roman dit que l'amant de la dame de Faiel ſe croiſa avec Richard, roi d'Angleterre, qui était parti pour la Terre-Sainte environ

qui fit pendre trois gentilshommes Flamands
qu'il avait trouvés chaffant fur fes terres. Saint
Louis, l'ayant fait arrêter, voulut qu'il fût jugé
par les pairs & les barons : mais les juges devant
fe récufer lorfqu'il s'agit de juger un parent,
ceux d'Enguerrand fortirent de l'affemblée l'un
après l'autre ; & le roi, refté feul, s'apperçut qu'il
n'aurait pas dû fortir le dernier. Enguerrand fut
cependant condamné à une amende confidérable, qui fervit à fonder un hôpital à Pontoife,
& des écoles publiques à Paris (14).

2°. *Thomas*, qui eut par le teftament de fon
père Raoul la feigneurie de *Vervins*, & fut
l'auteur d'une branche long-tems illuftre, mais
qui perdit fa fplendeur fous le règne de Henri II.
On accufa *Jacques de Coucy-Vervins*, gendre du
maréchal *du Bietz*, d'avoir trahi l'Etat, en rendant Boulogne aux Anglais en 1544, après cependant la réfiftance la plus vigoureufe pendant
fix femaines. Dès que Henri II fut parvenu au
trône en 1547, fes ennemis produifirent des faux
témoins & parvinrent à le faire décapiter en

59 ans auparavant. Jovet & Mézeray ont fait la même
faute.

(14) Enguerrand IV eut une fœur, qui fut mariée en
premières noces au roi d'Ecoffe ; & en fecondes noces à
Jean de Brienne, roi de Jérufalem, & depuis empereur
d'Orient.

cette même année. Ce qui prouve que la haine seule dicta ce jugement, c'est que tous ceux qui avaient compofé le confeil de guerre où il avait déterminé de rendre la place, furent renvoyés abfous ; il n'y eut que le fieur de Longueval qui paya fon abfolution : il poffédait la terre de *Marchais*, à trois lieues de Laon : cette terre convenait à un miniftre : on fit peur à Longueval, qui la donna pour recouvrer fa liberté. Henri II eut des remords fuperflus, & fit reftituer au fils de *Vervins* la plus grande partie de fes biens qui avaient été confifqués ; mais ce ne fut que fous Henri III, en 1575, qu'on revit le procès, & que la mémoire de *Vervins* fut réhabilitée avec un éclat fans exemple.

La poftérité mafculine de cet infortuné finit à fon petit-fils, mort en bas âge.

Jacques de Coucy-Vervins avait trois frères, Raoul, Jean & Robert : ces deux derniers furent aumôniers du roi ; & Raoul a été la tige de MM. de *Coucy-Polecourt*, qui exiftent aujourd'hui en Champagne, & dont M. de Belloy a prouvé la filiation d'une manière irréfiftible.

Cette feule maifon de *Coucy-Polecourt* jouit d'un double avantage bien fingulier ; c'est que la Maifon Royale defcend de Louis-le-Gros par les mâles, & de Raoul I de Coucy par les femmes ; & que Meffieurs de Coucy defcendent de Louis-le-Gros par les femmes , & de Raoul par les mâles (15).

Revenons maintenant à *Enguerrand de Coucy*, frère de *Raoul I* (16). Une charte de l'an 1142 prouve qu'il fut baptifé cette même année par Barthelemi, évêque de Laon. On n'a pas la date précife de fa mort ; mais il était déja décédé, felon l'auteur des antiquités & recherches de l'abbaye royale de Saint-Denis, en 1174, & enterré dans cette abbaye (17).

(15) *Raoul I*, *fire de Coucy*, laiffa encore de fon fecond mariage deux garçons & une fille, dont il eft inutile ici de faire mention.

(16) M. de Belloy n'en parle point, & cela était cependant très-néceffaire à fes recherches , comme on va le voir. Voici ce qu'en dit feulement dom Touffaint Dupleffis dans fon hiftoire de Coucy , page 49 : " *Enguerrand II* ne laiffa que deux enfans; *Raoul I*, qui hérita de la plus grande partie de fes biens ; & Enguerrand.... qui eut deux enfans vivant encore en 1187 (apparemment que dom Touffaint avait vu la pièce dont nous allons parler); l'un nommé *Raoul*, qui prit le parti de l'églife ; & l'autre nommée *Marguerite*, qui fut mariée à *Joubert*, feigneur de la Ferté-Béliard ,,.

(17) *In nomine fanctâ & individuæ Trinitatis. Ego* Radulfus, *Dei gratia*, Cociaci *&* Marlæ *dominus*, &c. *noverit tam futurorum pofteritas quam præfentium induftria , quod ego* Radulfus, Engelranni *nobiliffimi filius, ob remedium animæ meæ,* Agnetis *uxoris meæ, &* antecefforum noftrorum, *& fpecialiter pro anima fratris mei* Engelranni *cujas corpus in ecclefia beati* Dionyfii Gallorum apoftoli *honorifice fepultum eft, fanctæ*

Cet Enguerrand laiſſa deux enſans ; *Raoul*, &
Marguerite, mariée à *Joubert*, ſeigneur de la
Ferté-Béliard. Ducheſne, dans l'hiſtoire de la
maiſon de Coucy, ne parle point de ces deux
enſans dans la généalogie qu'il donne de cette
maiſon ; mais il en fait mention dans les pièces
juſtificatives, page 351. De plus, un extrait des
archives de la maladrerie de Laon prouve qu'ils
exiſtaient, puiſque *Raoul I, ſire de Coucy*, y
dit, dans un acte daté de 1187, *Hujus rei teſtes*
Radulfus clericus (18) *nepos* (19) *meus, Margareta*

congregationi ejusdem eccleſiæ contuli centum ſolidos Provinen-
ſium in nativitate beata Mariæ ſemper virginis in vuinagio
noſtro apud Marlam ſingulis annis perſolvendos , &c. Datum
apud Marlam anno MCLXXIIII. Liv. 4 des antiquités que
nous venons de citer.

(18) Ce mot *clericus* eſt équivoque, & il ſignifie un eccléſiaſtique , un homme de lettres , un notaire , un copiſte, &c.
mais nous croyons qu'il doit ſignifier en cet endroit un
eccléſiaſtique. Notre ſyſtême ne ſerait que mieux fondé, ſi
nous lui donnions la ſignification d'homme de lettres.

(19) Comme les mots *nepos* & *neptis* ſignifient auſſi *petit-fils*
& *petite-fille*, on pourrait nous objecter qu'il n'eſt pas
queſtion , dans cet acte, d'un neveu & d'une nièce de ce
Raoul , mais d'un de ſes petits-fils & d'une de ſes petites-
filles. Nous prévenons cette objection , en diſant que ces
deux mots ne peuvent ſignifier , dans cette pièce , que *neveu*
& *nièce* ; parce que Raoul I, qui s'était remarié , faute d'hoirs

de Firmitate neptis mea , &c. Il exprime bien
clairement que *Raoul* eſt ſon neveu, & Marguerite ſa nièce ; & puiſque *Raoul I* n'avait point
de ſœurs, & qu'il n'avait pour frère qu'*Enguerrand*, il fallait bien que *Radulfus clericus* &
Margareta neptis fuſſent enfans d'*Enguerrand*.

Ce Raoul, qui était clerc en 1187, ayant
perdu ſon père en 1174, avait donc alors au
moins treize ans, & peut-être vingt. En 1191,
année du ſiége d'Acre & de la mort de *Raoul I*,
ainſi que de la ſienne, il pouvait donc avoir
vingt à vingt-cinq ans, âge où les paſſions ſont
les plus vives, & où les têtes ardentes ſont
ſuſceptibles des idées les plus ſingulières : celle
d'envoyer ſon cœur à une amante qu'il adorait,
eſt bien plus aiſée à concevoir dans ce jeune
homme éperdu d'amour, que dans *Raoul I,
ſire de Coucy*, alors âgé de cinquante-ſept ans,
mari d'une princeſſe du ſang, preux chevalier,

mâles , en 1174, ne pouvait avoir de ce ſecond mariage
aucun petit-fils ni aucune petite-fille en état de ſervir de
témoins en 1187. Il eſt vrai qu'il pouvait en avoir, des filles
qu'il avait eues de ſon premier mariage ; mais comme il ne
déſigne ces deux témoins que par leurs noms de baptême,
c'eſt une preuve qu'ils étaient les enfans de ſon frère. S'ils
étaient iſſus de ſes filles, il n'aurait pas manqué d'ajouter
quelques ſurnoms à leurs noms de baptême, pour ôter toute
équivoque. On ſait que les ſurnoms ſont au moins du dixième
ſiècle.

dont la fageffe & la prudence étaient connues de tout le monde.

Il y a dans la bibliothèque du roi une hiftoire manufcrite du châtelain de Coucy (20). Elle a été compofée, à ce que l'on prétend, vers l'an

(20) L'inventaire des livres de Charles V, roi de France, indique que ce prince avait un manufcrit intitulé : *Du châtelain de Coucy & de la dame de Faïel.* On ne fait ce qu'il eft devenu; il paraît que celui qui a pour titre, *Roumans du châtelain de Coucy & de la dame de Faïel,* doit être une copie de celui-là, ou peut-être celui-là même. Cet inventaire était en 1715 dans la bibliothèque de M. l'archevêque de Rouen, & il a appartenu à François I, comme on le voit par fa fignature que l'on a effacée, mais qui fe lit encore. *Voyez* Mémoires de Littérature, in-4, tom. 2, p. 664 & 665.

C'eft un grand volume en papier couvert de cuir rouge, découpé par fleurons, qui a pour titre : *Inventaire des livres du roi notre feigneur, eftans en fon chaftel du Louvre.* Sur le fecond feuillet, on lit : *Cy après en ce papier font efcripts les livres de très-fouverain & très-excellent prince Charles le quint de ce nom, par la grace de Dieu, roi de France, eftant en fon chaftel du Louvre, en trois chambres l'une fur l'autre, l'an de grace* MCCCLXXIII ; *enregiftrés, de fon commandement, par moi Giles Malet, fon valet de chambre.* Il y avait alors 909 volumes. En 1423, après la mort de Charles VI, la bibliothèque du Roi fut examinée & prifée. On y trouva 853 volumes eftimés 2323 liv. 4 fols, fomme confidérable alors. En 1425, le duc de Betfort, régent du royaume, fe fit repréfenter ces mêmes livres. Garnier de Saint-Yon, alors bibliothécaire, lui en rendit un bon compte, & en demeura chargé

1228.

1128. Son titre eſt, *Romans* (21) *du châtelain de Coucy & de la dame de Faïel*. Le châtelain qu'elle a pour objet, y eſt nommé *Renaut de*

juſqu'en 1429, que le même duc en déchargea entièrement Saint-Yon, & lui en donna quittance. On n'a jamais ſu ce qu'il fit de ces livres; mais il eſt bien probable qu'il les fit paſſer en Angleterre. *Voyez ibid.* pages 701 & 702; & tome 15 des mêmes mémoires, pages 705 & 706.

Il y a dans la bibliothèque du roi un manuſcrit coté 7031, & qui a pour titre *Rational du divin office*; on y lit à la fin le ſeing de Charles V, & ces paroles écrites de ſa main: *Ceſt livre, nommé Raſional des divins offices, eſt à nous Charles V de noſtre nom, & le fiſmes tranſlater, eſcrire & tout parfaire en l'an* MCCCLXIV. Charles. *Ibid.* page 703. Au commencement de ce même volume, au revers de la couverture, on lit: *Ce livre eſt à Jehan, comte d'Engoſleme, lequel l'acheta à Londres en Angleterre, l'an de grace* 1441. (Im câd. pag.)

Ce livre était donc de la bibliothèque de Charles V, & avait été porté en Angleterre par les ordres du duc de Betford. Probablement les autres auront eu le même ſort. M. Félibien aſſure que dans les regiſtres de la chambre des Comptes il eſt dit que les livres de la tour du Louvre furent achetés 1200 francs par le duc de Betford, & que cette ſomme fut comptée à Pierre Thury, entrepreneur du mauſolée de Charles VI & d'Iſabeau de Bavière, ſon épouſe.

(21) On n'entendait pas alors par le mot *romans* ce que nous entendons aujourd'hui. Ce mot ſignifiait tout livre écrit en langue *romance*, ſoit en vers, ſoit en proſe. Parmi ceux qui ſont en vers, on remarque l'hiſtoire de Philippe-Auguſte, écrite en rimes par Guillaume le

Coucy (22) : on y lit qu'il n'était pas riche.
Cela ne peut convenir à Raoul I, qui était un

Breton. Cette histoire commence au couronnement de ce roi,
arrivé en 1179, du vivant de son frere Louis VII. Elle finit
en 1217, après la bataille de Bouvines. Une page & demie
qui n'est plus de lui, contient le récit de la mort de Philippe, arrivée en 1223, & la description de ses funérailles.
Guillaume le Breton était en Bretagne vers 1170. Il fut pré-
cepteur du fils naturel de Philippe-Auguste, *Pierre Carlotte*,
qui mourut, en 1249, évêque de Noyon, & accompagna
Philippe-Auguste dans plusieurs de ses campagnes; entr'autres à la bataille de Bouvines, où il fit l'office de chapelain
de sa majesté. Qu'on nous permette de transcrire ici quelques
détails que Guillaume le Breton nous rapporte dans son
histoire, & qui nous ont paru assez curieux pour ne pas les
passer sous silence.

" Le roi, dit-il, ayant harangué ses troupes, les soldats
lui demandèrent sa bénédiction; & la charge ayant sonné
aussi-tôt, ils donnèrent tête baissée sur l'ennemi, & combat-
tirent avec toute la valeur possible. Comme nous étions au
même instant derrière le roi, & assez près de sa personne,
un de ses clercs, & moi son chapelain, qui écris ceci, dès
que nous eûmes entendu le bruit des trompettes, nous enton-
nâmes le pseaume *Benedictus Deus meus qui docet*, que nous
chantâmes d'un bout à l'autre, ensuite ceux d'*Exurgat Deus*,
& *Domine*, *in virtute tua lætabitur rex*, autant que nous le
pouvions faire au milieu des gémissemens & des cris que
faisaient les combattans; & nous ranimâmes de notre mieux
leur confiance, en leur faisant sentir l'avantage qu'ils avaient
de combattre pour un roi protecteur de l'église, contre des
princes qui en avaient toujours été les persécuteurs ".

    (22) Dans le recueil de l'origine de la Langue & Poésie fran-

dés plus riches feigneurs de France ; mais cela convient parfaitement à Raoul fon neveu : celui-ci était entré dans l'état eccléfiaftique ; fon titre clérical ne devait pas être plus confidérable que celui de fon coufin-germain Raoul , fils de Raoul I , qui (ainfi que nous l'avons vu ci-deffus) n'était que de quarante livres parifis. Il n'était pas encore pourvu de bénéfices ; il était par conféquent fans fortune. L'amour dont il était embrâfé pour la dame de Faïel, lui fit quitter l'état eccléfiaftique. Il prit le parti des armes. Mais fi fon changement d'état ne nuifit pas à fes amours, il n'augmenta vraifemblable-ment pas fa fortune. Cela étant, ce Raoul doit être celui que le roman a en vue. Il eft certain qu'aucun autre que lui ne peut avoir été le châtelain de Coucy de ce tems-là. Il n'exiftait alors d'autre Coucy que lui , auquel on puiffe attribuer les amours. Les fils de Raoul I étaient encore en trop bas âge , pour qu'un d'eux ait pu être le héros de ce roman ; le plus âgé d'entr'eux n'avait que treize ans , lorfqu'ils eurent le malheur de perdre leur pere. Ce qui

çaife du préfident Fauchet, donné à la bib othèque du roi en 1761 par l'abbé d'Olivet (nº X, 8185) , & où il y a plufieurs corrections de la main de l'auteur, on voit, page 124, à l'article du *châtelain de Coucy*, le mot *le* effacé ; & à la marge on lit ; de la main de Fauchet, *Raoul* ou *Regnaut*, confirme notre opinion, c'eſt l'ordre qui règne entre quelques chanſons du châtelain de ce manuſcrit. Elles n'y ſont qu'au nombre de ſix; mais elles y forment, par la maniere dont elles ſe ſuivent, un tableau dans lequel il eſt impoſſible de ne pas reconnaître le Raoul que nous venons d'indiquer. Nous en donnerons une copie à la fin de cet article, & nous y joindrons toutes celles que nous avons recueillies d'après divers autres manuſcrits, ſous le nom de ce poëte infortuné. Il n'y en a auſſi aucune d'elles qui ne s'accorde avec quelques-uns des faits qui ſont racontés dans ce roman.

L'auteur du manuſcrit du roi nous dit que le châtelain n'arriva en Paleſtine, avec Richard, roi d'Angleterre, qu'après la priſe d'Acre (23) (où Raoul I, ſire de Coucy, avait été tué). Ce n'était donc pas le ſire de Coucy.

Tous les anciens auteurs, ainſi que celui de ce manuſcrit, *Froiſſart*, *Chriſtine de Piſan*,

____

(23) Hume dit que Richard aborda devant Acre pour partager ſeulement la gloire de ſa priſe. Cependant Mézeray aſſure que le ſiège dura cinq mois, & que Richard y arriva deux mois après Philippe, trois mois avant la priſe. Le préſident Hénault dit qu'Acre fut priſe par les Français; les Anglais n'y étaient donc pas. De plus, dans ſon édition *in-4*, (tome premier, page 166), il dit que le ſiège d'Acre dura trois ans. M. de Belloy aſſure que Richard ne joignit Philippe qu'après la priſe d'Acre; nous avons ſuivi ſon opinion.

&c. lui donnent le titre de *châtelain* , & non pas celui de *fire* que prenait *Raoul I.* Nous avons déja obfervé qu'on nommait alors *châtelains* les gouverneurs des châteaux , mais non pas les feigneurs : nous en avons plufieurs exemples, entr'autres , celui d'*Enguerrand III de Coucy* (24), *châtelain de Cambrai*, dont il n'était pas feigneur , mais gouverneur pour le roi.

Raoul I n'était donc pas *le châtelain de Coucy.* Une preuve encore plus forte , eft que l'auteur du manufcrit parle plufieurs fois du *fire de Coucy*, tué au fiége d'Acre.

Le *châtelain* & le *fire* font donc deux différens chevaliers.

D'ailleurs nous avons déja dit qu'en 1191 que Raoul fut tué, il avait environ cinquante-fept ans , & était marié avec une princeffe du fang qu'il aimait beaucoup & avec laquelle il vivait dans l'intelligence la plus parfaite. Peut-on le croire fufceptible , à cet âge, d'une paffion fi violente, & qui produifit des effets fi extraordinaires ?

(24) Un manufcrit du roi , qui contient une grande quantité de chanfons du douzième & du treizième fiècle , en a confervé plufieurs du *châtelain de Coucy* , & une du *comte de Coucy* ; ce comte pouvait être *Raoul I* , *Enguerrand III* , ou *Raoul II* , fires de *Coucy* ; mais cette diftinction prouve indubitablement que le *châtelain* n'était pas le *comte.* (Nous avons rapporté cette chanfon , *Tome II*, page 182.)

Il eſt bien plus vraiſemblable que le véritable héros de cette tragique hiſtoire ait été Raoul ſon neveu. Il était clerc en 1187 (*voyez ci-deſſus page 16*): il avait alors au moins treize ans ; mais il pouvait en avoir vingt : il était né avec des talens diſtingués pour la poéſie (25) & avec les paſſions les plus vives. Il y a apparence qu'il ſe dégoûta de ſon état, & qu'il l'abandonna peu de tems après l'acte dont nous venons de parler. Peut-être l'amour qui vint s'emparer de ſon cœur pour la dame de Faïel, entra-t-il pour beaucoup dans ce changement d'état. Peut-être auſſi le deſir de la gloire, & l'envie de ſignaler ſon courage en Paleſtine, le déterminèrent-ils à prendre le parti des armes. Ce fut en 1187 que Luſignan, roi de Jéruſalem, fut défait à la journée de Tibériade ; & la perte de Jéruſalem fut la ſuite de cette déroute. La croiſade fut auſſi-tôt annoncée : l'empereur Frédéric donna l'exemple à toute l'Europe, partit le premier, & ſe noya en traverſant le Cydnus, ce même

(25) Dans le manuſcrit, le châtelain eſt repréſenté

" Biaux, courtois, plains de ſavoir.

Onqs Gauvains ne Lancelos

Retinrent d'armes plus grant los.

. . . .

Parlures ſavoit faire & chans „. . . .

Il eſt dit auſſi qu'il n'était pas riche, & notre Raoul ne l'était pas, ainſi que nous l'avons déja dit.

fleuve dans lequel Alexandre le grand avait
penfé périr. Ainfi le peu de fortune de ce jeune
homme, l'exemple de tant de braves feigneurs
qu'une fureur facrée emportait en Orient,
l'ardeur bouillante de fon tempérament, &
vraifemblablement le dépit de ne pouvoir être
heureux de long-tems, l'auront fait voler en
Palefline. Une autre raifon s'y fera peut-être
jointe, c'eft qu'il s'imagina que le feigneur de
Faïel fe croiferait, & qu'il emmenerait fa femme
avec lui.

Il peut donc être devenu amoureux de la
dame de Faïel vers la fin de 1187 ou au commencement de 1188, l'avoir célébrée par fes
chanfons plus de deux années avant fon départ
pour la Terre-Sainte, & y avoir terminé fa
vie, par les fuites d'une bleffure ou par une
maladie.

Comme Moréry dit que Raoul I, fire de
Coucy, donna à un comte de Coucy, qui s'appelait auffi Raoul, Ifabeau, fa feconde fille,
qui, après la mort de fon mari, époufa un
Joyeufe Grand-Pré ; ce Raoul ne peut être que
le nôtre, puifque nous avons déja prouvé qu'il
n'exiftait alors aucun autre Coucy. Ce nouveau
fait ne peut être expliqué que par d'autres
conjectures. Les voici : elles ne nuiront aucunement à celles que nous avons déja produites.

Raoul I s'appercevant de la paſſion naiſſante de
ſon neveu pour la belle Faïel, aura voulu
l'éteindre, en lui faiſant épouſer ſa ſeconde
fille. Il lui aura fait quitter l'habit eccléſiaſtique,
& lui aura donné le gouvernement de ſon
château. Mais voyant que la digue qu'il avait
voulu oppoſer au torrent des feux de ce jeune
homme, n'avait fait que les irriter, il l'aura
forcé de ſe croiſer avec lui, pour épargner à ſa
fille la douleur d'avoir une rivale dans ſon
voiſinage ; car le château de Faïel était peu
éloigné de celui de Coucy.

Raoul I ſera parti avant ſon gendre pour le
ſiége d'Acre. Le châtelain, retenu en Europe
par les charmes de ſon amante, aura prétexté
des longueurs. Mais obl'gé, en qualité de brave
chevalier, d'obéir au ſerment que ſon beau-
pere aura exigé de lui avant ſon départ, il ne
ſera arrivé en Aſie qu'après le ſiége d'Acre. Si
nous mettons un intervalle entre ſon départ &
celui de ſon beau-pere, c'eſt parce qu'on lit,
dans le roman que nous avons déja cité, que le
châtelain de Coucy (26) n'arriva en Aſie qu'après

(26) On lit d ns le ſuperbe manuſcrit de M. le marquis de
Paulmy, à la fin des chanſons de *Gace Brulé :* " *Cy faillent
les chançons monſeigneur Gace Brulé, & commencent les
chançons le châtelain de Coucy* ,,.

Il était alors d'uſage de diſtinguer les états & d'écrire les ce fiége. Nous aurions pu nous paffer de ces nouvelles conjectures ; Moréry eft fi inexact, qu'il mérite bien peu de confiance. Il y a lieu de préfumer qu'il s'eft trompé, puifque Duchefne (page 348) donne le nom de Raoul de Roucy au comte que Moréry a appelé Raoul de Coucy (27).

Il nous paraît donc démontré que l'erreur des hiftoriens n'eft fondée que fur le même nom que portaient l'oncle & le neveu, & fur ce qu'ils perdirent tous deux la vie en Paleftine, l'un peu de tems avant l'autre.

Nous allons prouver maintenant que la dame de Faïel n'était point de l'illuftre maifon de

qualités des gens que l'on citait. Gace Brulé était un chevalier diftingué ; auffi le copifte écrit-il, *de monfeigneur* **Gace Brulé**. Ailleurs il dit, *chançons de* **Blondiaux** *de* **Néele**, parceque ce Blondiaux était un fimple muficien.

En nommant celles du *châtelain de Coucy*, s'il eût voulu parler de Raoul I, *fire de Coucy*, l'eût-il nommé fimplement le *châtelain de Coucy* ? Il eft évident qu'il eût écrit *chançons de monfeigneur le fire de Coucy*.

S'il a donné le titre de *monfeigneur* à **Gace Brulé** & à **Thibault de Blazon**, celui de *meffire* à **Raoul de Soiffons**, à **Morife de Créon**, à **Robert de Marberoles**, à **Thierry de Soiffons**, &c. aurait-il refufé celui de *monfeigneur* à l'un des plus grands feigneurs de France ? Ce châtelain de Coucy n'était donc pas *Raoul I, fire de Coucy*, mais *Raoul*, cadet de cette maifon ; & alors on ne donnait le titre de *monfeigneur* qu'aux aînés.

(27) Dom Touffaint le nomme auffi *comte de Roucy*.

Vergy ; & c'eſt à M. de Belloy que nous devons la découverte de ce fait intéreſſant.

Le nom de la *dame de Faïel* ne ſe trouve point dans le manuſcrit du roi. Froiſſard (28) a été le premier qui lui a donné le nom de Vergy ou de Vergie (29). Quelle apparence qu'une auſſi grande maiſon que celle de Vergy ſe fût alliée avec un ſimple gentilhomme tel que le ſeigneur de Faïel , tandis que , ſous le regne de Philippe-Auguſte , il n'y avait que trois filles de cette maiſon , qui étaient :

(28) Froiſſard vivait ſous Charles V. On voit ces vers dans un recueil de ſes poéſies manuſcrites ; écrites vers 1380 :

               " La châtelaine de Vergy

               Et le châtelain de Coucy

1 *douleur.*   Qui outre mer mourut de doel 1

               Tout pour la dame de Faïel.

2 *jeune chevalier.*Après la mort du 2 baceler ,

               On ne le peut ne doit celer ,

               Pour ce qu'on voulait ſe vangier

               Des vrais amans , on ſit mangier

               La dam' le cœur de ſon ami. ..

               Jamais plus boire ne me faut ,

3 *morceau.*   Car ſur 3 morcel ſi precious,

               Si dous & ſi delicious ,

               Nul boire ne pourai prendre.

               On ne l'y put puis faire entendre

4 *voulut.*   Qu'elle 4 voſiſt mangier ne boire ,

5 *vraie.*   Cette mattere eſt toute 5 voire.

(29) Cette illuſtre maiſon tirait ſon nom du château de Vergy près d'Autun : il fut ruiné en 1609 par ordre de Henri IV.

Première, *Alix*, mariée en 1199 à Eudes III, duc de Bourgogne, morte le 3 mars 1251 :

Seconde, mariée au comte souverain d'Auxonne :

Troisième, *Agnès*, fille & héritière de Hervé de Vergy-Donzy, comte de Nevers (30).

S'il y en eût eu une quatrième, n'eût-elle épousé qu'un gentilhomme ?

L'héroïne de l'histoire n'est donc pas une Vergy.

M. de Belloy croit avec plus de vraisemblance, qu'elle était de la maison de *Levergies*, maison qui existait alors dans le Vermandois, & dont l'existence est démontrée par plusieurs preuves incontestables.

Le château de *Levergies* est voisin de *Faïel* (31).

(30) Elle fut accordée à Philippe de France, fils aîné de Louis VIII ; & le mariage ne fut point accompli à cause de la mort du prince, arrivée en l'an 1218, cinq ans avant celle de Philippe-Auguste. Le jeune prince n'avait alors que neuf ans, & Agnès en avait six ou sept. Cette princesse épousa dans la suite *Gui de Chatillon* ; & de ce mariage vint *Yolande de Châtillon*, mariée à *Archambaud IX*, sire de Bourbon. Leur fille cadette, *Agnès*, dame de Bourbon, épousa *Jean de Bourgogne*, sire de Charolcis, second fils de *Hugues IV*, duc de Bourgogne ; & de leur mariage vint *Béatrix de Bourgogne*, femme de *Robert de France*, comte de Clermont, tige de la maison royale de France.

(31) On montre encore dans un mur du château de Faïel,

qui appartenait en 1770 à M. *Laillier*, beau-père
de M. le *président de Bonneuil*, après avoir cessé
d'appartenir, dès 1340, à messieurs de *Faïel*. Quoi
de plus vraisemblable qu'une alliance entre un
seigneur de Faïel & une demoiselle *Levergies*, sa
voisine ; que l'amour d'un *châtelain* (ou gouverneur) du château de Coucy en Vermandois pour
une dame de Faïel, dont l'habitation était aux
environs de la sienne (32); enfin, que toute la suite
de cette histoire, fondée dans notre hypothèse sur
des pièces encore existantes (33)?

Nous regardons donc comme démontré, que
jamais *Raoul*, *sire de Coucy*, n'a aimé une dame
de Faïel du nom de *Vergy*, & que les chansons
que plusieurs auteurs lui attribuent, ne sont pas
de lui, mais que leur véritable auteur est *Raoul
de Coucy*, *châtelain de Coucy*, neveu & peut-
être gendre de *Raoul I ;* & qu'il est le seul
qu'on doive regarder comme le héros de cette
histoire, si toutefois elle est véritable (34).

situé à une demi-lieue de Saint-Quentin, une très-ancienne
figure de pierre que l'on dit être le portrait de la malheureuse
amante du châtelain de Coucy.

(32) Le manuscrit dit positivement que Coucy allait &
revenait en une nuit de chez lui chez la dame de Faïel.

(33) La tradition qui subsiste encore à *Saint-Quentin* & à
Faïel, fait que les enfans répètent d'après leur père cette
déplorable aventure.

(34) On lit dans le second volume de l'histoire de Provence

(pag. 266) une note dans laquelle l'auteur prétend prouver que l'histoire de Cabestaing avec la dame de Roussillon est plus ancienne que celle du châtelain de Coucy ; & que, par conséquent, elle pourrait bien n'être qu'une imitation de l'autre.

Voici les preuves qu'il en donne :

" Il est constant que ce poëte (Cabestaing) mourut vers l'an 1181, sous le règne d'Alfonse, puisque Raimond de Miraval, qui florissait à la fin du douzième siècle, parle de la mort de Cabestaing, comme étant arrivée il y avait déja plusieurs années. *J'ai oui conter, dit-il, ce qui fait horreur à entendre, qu'un chevalier vint faire l'amour avec la femme du seigneur de Castelnou ; le mari, à qui cela déplut, entra sans en être prié, & lui coupa la tête ,,.*

L'histoire de Cabestaing & de la dame de Roussillon (que l'on peut lire dans celle des Troubadours, par M. l'abbé Millot) nous apprend que le comte Raimond de Roussillon, ayant attiré Cabestaing hors de son château, le tua, lui coupa la tête, fit apprêter son cœur par son cuisinier comme un morceau de venaison, & après l'avoir fait manger à sa femme, lui montra la tête de son amant, pour lui prouver que c'était de son cœur qu'elle venait de se nourrir.

ÉCLAIRCISSEMENS *sur les terres de* Faïel, *de* Levergies & *de* Coucy, *tirés des mémoires curieux de M.* Pistavy, *chanoine de Saint-Quentin, qu'il a bien voulu nous communiquer.*

La terre & feigneurie de *Faïel* [Fayellum] eft fituée au nord-oueft de la ville de Saint-Quentin. Le château eft éloigné du petit clocher de l'églife royale d'environ 1700 toifes.

Le château eft fitué au nord, à la lifiére & au plus haut d'un bois contenant environ quatre-vingts arpens, & fait face à la ville par une large avenue pratiquée dans ce bois.

Ce château n'a rien de remarquable ni qui prouve une haute antiquité. Probablement celui qui exiftoit du tems de *Philippe-Augufte* aura été ruiné & démoli dans le tems des grandes guerres avec les Anglais & les Bourguignons, ainfi que beaucoup d'autres châteaux du Ver-mandois.

Le bois eft très-agréable & bien foigné. La bourgeoifie de Saint-Quentin va s'y promener en affluence les jours de fête; le feigneur tolére cet ufage.

Au-delà du château eft le village, compofé d'environ cent feux.

Cette terre appartenoit en dernier lieu à M. Laillier, ancien capitaine de cavalerie, originaire

AUBERI SIRE
DE FAYEL

de Saint-Quentin ; elle a paffé à fa fille, mariée au préfident de Bonneuil. De ce mariage font nées trois filles, dont l'aînée, en époufant M. de Guébriant, lui a porté en dot la terre & feigneurie de Faïel, qui peut valoir 6 à 7 mille liv. de rente.

Le fieur *Hémeray*, chanoine de Saint-Quentin, ayant fait une étude particulière des chartes de Vermandois, donna en 1642 une excellente hiftoire de cette province & de l'églife de Saint-Quentin, fous le titre d'*Augufta Viromanduorum Vindicta*. Cet ouvrage, devenu rare, eft eftimé des favans.

On y voit (1) qu'en 1191, *Aubert de Faïel* foufcrivit une tranfaction paffée à Saint-Quentin, entre la comteffe *Eléonor* & le chapitre de Notre-Dame de Paris, pour la terre de *Viry*, près *Chaulny*, dont la comteffe avoit l'avouerie, *advocatiam*.

Cet *Aubert de Faïel* doit être l'époux (2) de la malheureufe amante de *Raoul de Coucy*, puifque l'hiftoire tragique rapportée par tant d'auteurs arriva peu de tems après le fiége d'*Acres*, prife d'affaut cette même année 1191.

Dès l'an 1100 (3) *Rorigon*, ou *Rogon*, & *Simon*

(1) Page 177.

(2) Et non pas *Odon*, comme le dit *Hémeray* dans fon hiftoire ; on en verra bientôt la preuve.

(3) Page 138.

de Faïel étoient des feigneurs illuftres du Vere
mandois, & probablement les auteurs d'*Aubert*.
En 1200 (4) *Rorigon* de Faïel donne à l'églife de
Saint-Quentin 30 fols de rente à prendre fur le
vinage [ou péage] à la chauffée de *Marteville*,
qui eft à deux petites lieues de *Faïel*; plus, deux
muids ou quatre feptiers de bled mefure de Paris,
à prendre fur fa terre de Faïel. Son fils *Odon*,
en ratifiant cette donation, ajoute un troifième
muid & deux feptiers.

Ce *Rorigon de Faïel* peut avoir été le fils
d'*Aubert de Faïel* & de l'infortunée *Levergies*.
En 1200, neuf ans après la mort de fa mère,
devenu majeur, fon premier foin aura été de
faire cette donation en expiation du crime de fon
père, mort de regret & de chagrin peu de tems
après ce crime. *Odon* fon fils, animé du même
efprit que *Rorigon* fon père, peut avoir augmenté
cette donation : & nous voyons enfuite (5) que
le même *Odon* donne à l'abbaye de *Fervac*
(diftante de Saint-Quentin de 5350 toifes) une
dot de 24 arpens de terre, lorfque fa fœur, en
1248, fe fit religieufe dans cette abbaye; ce qui
feroit eftimé actuellement près de 10.000 livres,
fomme énorme pour ce tems, & qui prouve
qu'*Odon* vouloit, par fes bienfaits envers l'églife,

(4) Page 182.
(5) Page 153.

obtenir

GABRIELLE
DE
LEVERGIES
DAME DE
FAYEL.

obtenir des prières pour le repos de l'ame de fon aïeul. Tout ceci n'eft que conjectures, mais au moins doit-on convenir qu'elles font vraifem-blables. Il paroît que, dès 1340, la poftérité de MM. de Faïel étoit éteinte, ou que du moins ils ne poffédoient plus cette terre ; car, en 1341, elle appartenoit à *Jeanne de Fiennes*, châtelaine de *Beaurevoir* (6), veuve de *Jean de Châtillon*, comte de Blois, de Saint-Paul, feigneur de Guife, fire d'Avefnes, &c.

La terre de *Levergies* eft au nord de Saint-Quentin, à la diftance de 4680 toifes du petit clocher de cette ville ; il n'y a plus ni manoir, ni château feigneurial, pas même de veftiges qu'il y en ait eu. Cette terre & feigneurie appartient de toute ancienneté au chapitre de Saint-Quentin.

En 1146 (7) Anfelme de *Levergies* foufcrit une donation de *Bouchard*, feigneur de Guife, en faveur de l'abbaye de Saint-Prix, fituée dans l'un des fauxbourgs de Saint-Quentin. Cet *Anfelme* peut être le père ou le grand-père de madame de Faïel. Et cette maifon de *Levergies* étoit illuftre, puifque *Guillaume de Levergies* fut,

(6) Beaurevoir eft éloigné de Saint-Quentin de 8500 toifes ; *Jean de Luxembourg*, en 1429, y fit conduire & enfermer la Pucelle d'Orléans prife à Compiègne.

(7) Page 159.

en 1249 , tréforier (*cuftos*) de l'églife de Saint-
Quentin ; il fuccéda dans cette dignité à l'archevêque d'York , chancelier de France , & eut
pour fuccefleurs immédiats *Odon de Saint-
Denis* & *Hugues de Coucy.* Cette dignité avoit
été précédemment poflédée, en 1120, par *Simon ,*
évêque de Noyon , frère de *Raoul* comte de
Vermandois , & le fut dans la fuite par *Philippe
de Majorque* , coufin de *Philippe-le-Long* , & par
Charles de Luxembourg , fils du connétable.

Quant à MM. de Coucy , nous nous fommes
aflez étendus fur leur compte , pour ne pas répéter
ici ce qu'on vient de lire ; nous nous contente-
rons d'ajouter quelques faits intéreffans.

Le château & la vile de Coucy , fitués dans le
diocéfe de Laon , font à 19000 toifes au midi
de *Saint-Quentin* , à 12000 toifes de *Noyon* ,
& à 6500 de *Chaulny.* Le terrein fut donné au
chapitre de Reims par Saint Remy , du confentement de *Clovis.* Hervée , archevêque de
Reims , y fit conftruire une forterefle pour
arrêter les barbares , & contenir les feigneurs
voifins , qui cependant s'en emparèrent , puifqu'en 930 *Hebert II* , comte de Vermandois , y
avoit un châtelain nommé *Anfel.*

L'archevêque *Arland* , fuccefleur de *Hugues* ,
fils d'*Hebert II* , s'en empara , le perdit , le
reprit : & enfin l'archevêque *Odalric* fon fuccef-

feur l'abandonna à l'un des fils de Thibault, comte de Champagne, moyennant un furcens de 60 fols, qui eft encore payé à l'abbaye de Saint-Remy.

Cependant *Coucy* ne paffa point aux fucceffeurs du *comte de Champagne* ; les comtes de Vermandois s'en emparèrent : & l'on voit dans *Hémeray*, que dès 1156 Coucy étoit compris dans le dénombrement du comté de Vermandois comme fief en dépendant.

Le premier feigneur de Coucy dont *Hémeray* parle, eft *Albric* de Coucy, dont on a un acte foufcrit en 1067.

Cet *Albric* époufa *Adele de Boves*, qui lui apporta la terre de *Boves* & le comté d'*Amiens*. Soit que la maifon de Boves n'eût pas des droits bien fondés fur le comté d'Amiens, foit que ces droits ne s'étendiffent que fur partie de ce comté, il paffa à la maifon des comtes de Vermandois par *Hildebrande*, fille de Raoul, comte de *Crepy* & *Amiénois*, laquelle porta ces comtés en dot à *Heribert IV*, comte de Vermandois. Simon, frère d'*Hildebrande*, ayant tout abandonné à fa fœur pour fe faire moine dans un monaftère du Mont-Jura, la poffeffion de l'Amiénois fut confervée aux comtes de Vermandois par *Louis-le-Gros*, lorfque le *comte Raoul*, qui avoit marché à fon fecours en 1130 contre le rebelle *Thomas de Marle* , feigneur de la Fère & de Coucy , gagna la bataille donnée fous Coucy même , & y bleffa mortellement *Thomas de Marle* , qu'il traîna enfuite aux pieds du roi.

Il y a quelques années qu'on regardoit la maifon de Coucy comme éteinte en la perfonne de Marie de Coucy , fille d'Enguerrand , qui, en 1400, après la mort de *Henri de Bar* fon mari, vendit au duc d'Orléans, pour 400 mille livres , *Coucy, Folembray , Saint-Aubin , la Fère, Saint-Gobin, la Chatellier , Saint-Lambert , Marle , Acy, Gerny* , & tout ce qui lui appartenoit dans le Soiffonnois : elle mourut en 1405 , & laiffa un fils nommé *Robert de Bar* , qui hérita de ce qu'elle n'avoit pas vendu, & de ce que le duc d'Orléans n'avoit pas encore payé.

De la maifon de *Luxembourg* toutes ces parties pafsèrent dans celle de *Bourbon*, & furent réunies à la couronne par Henri IV. Depuis ce roi , *Coucy* a été donné en apanage à différens princes ; & c'eft à ce titre que M. le *duc d'Orléans* le poffède maintenant.

C'eft à Coucy que naquit, en 1594. Céfar, duc de Vendôme , fils naturel de *Henri IV* & de la belle *Gabrielle*.

Ce n'eft que depuis peu de tems qu'un religieux

Génovefain , prieur-curé de la petite cure d'*Hinacour* près de Saint-Quentin , eft parvenu à démontrer , à force de recherches , qu'il defcend en ligne directe de la maifon de Coucy , ainfi que fes neveux & fes nièces.

La cour a reconnu leur filiation. Le prieur a obtenu une abbaye , & continue à exercer fes fonctions curiales à *hinacour* : un de fes neveux , François-Charles *de Coucy* , chevalier , feigneur de Poilecourt, Efcordal, Quatrechamps, Bercy, &c. vient d'avoir le régiment de Navarre ; *Jean-Charles* , vicaire général de Reims , & abbé de l'abbaye d'Igny , eft aumônier de la reine ; *Philippe-Louis* eft capitaine au régiment de Poitou ; *Angélique-Aimée* & *Marie-Françoife* font chanoineffes du noble chapitre de Maubeuge ; & *Anne-Gabrielle* , la plus jeune , eft élevée à Saint-Cyr. Nous allons rapporter l'extrait de leur généalogie , compofée par l'habile M. Chérin , généalogifte de la cour.

EXTRAIT d'un mémoire intitulé, Fragment de la généalogie de la maifon de Coucy, *contenant les branches des feigneurs de* Vervins *& des feigneurs de* Poilecourt. *lequel a été donné au Roi par fon généalogifte* (*M. Chérin*) *pour la préfentation de MM. de* Coucy *à la cour.*

Suite de la filiation généalogique, fuccinéte & fans citations des titres analyfés dans ce mémoire fur chaque fujet.

THOMAS DE COUCY , *de fecunda uxore , domina de Bovis, genuit Jugel......, patrem Radulphi de Marla.* (Chronicon Alberici, in-4°. Hanoveræ , 1698 , pag. 259 , ad ann. 1119.)

RAOUL I du nom , fire de Coucy , de Marle, de la Fère , de Crecy , de Vervins , de Landouzy & de Pinon , époufa , 1°. Agnès de Hainault ; 2°. Alix de Dreux , fille de Robert de France , comte de Dreux , & petite-fille de Louis-le-Gros , roi de France.

Second lit. ENGUERRAND III , fire de Coucy.

THOMAS , fire de Vervins , ci-après.

ROBERT DE PINON , fire de Pinon.

Thomas de Coucy, auteur de la branche de Vervins, épousa Mahault de Rhétel, fille de Hugues III, comte de Rhétel, & de *Felicitas* de Broyes, dame de Beaufort.

Thomas ci-dessus eut, ou ot (selon le lignage de Coucy), ot à femme Mahault, fille du comte de Rhétel, si en ot un fils....

Thomas II tint la terre de Vervins après son père, & ot à femme la fille du comte Arnoul de Los... sans hoirs, & reprint Marguerite, sœur le vidame de Picqueny, & ot d'elle deux fils & une fille.

Thomas, ci-après.
Jean.
Marie.

Thomas de Coucy III, qui ot à femme (lignage de Coucy) la fille du sieur de So-tenghien.... & ot deux fils & une fille.

Thomas, ci-après.
Jehan.
N. mariée en Allemagne.

Thomas IV, des Coucy-Vervins, fut tué en

1302 à la bataille de Courtrai, & eut d'Alix de Trie, entr'autres enfans:

THOMAS V, des Coucy-Vervins, qui eut de N... qu'on croit dame de Ham ou de Helly, Regnaut qui fuit.

REGNAUT DE COUCY, felon plufieurs actes du parlement produits au cabinet des ordres du roi, reprit un procès que *Thomas fon père* avoit au parlement, pour fes droits en la feigneurie de Vervins. Il époufa Guillemette le Mercier, dame de Nouvion & de Neuville en Laonnois, & en eut Enguerrand qui fuit.

ENGUERRAND, chevalier, feigneur de Vervins, époufa Marguerite de la Bove, & en eut Raoul, feigneur de Vervins, (*généalogie de Belleforiere*) qui fuit.

RAOUL DE COUCY, chevalier, feigneur de Vervins & de Chemery, époufa, 1°. par traité paffé à Hans, devant Jehan Colet & Nicolas de Drounet, jurés royaux, le 14 mai 1485, Mademoifelle Marès de Hans, fille de feu meffire Henri de Hans, en fon vivant feigneur dudit Hans, & de madame Jacqueline de Guiftelle.

Par ce traité, messire Jacques de Hans, frère
d'elle, lui assigna en dot la somme de 350 livres
tournois de rente non aliénables sur les terres
de Hans, de Saint-Jehan-sur-Tourbe, Escry &
Bray, mais eut autres terres, (la mère d'elle
vivoit) : elle renonça aux successions de ses père
& mère, & de Loys de Hans, son oncle, en
son vivant seigneur de Hez. Ledit futur lui
assigna un douaire de 300 livres de rente, & son
habitation à Vervins ou à Chemery. Ce traité,
signé desdits notaires, est suivi 1°. d'un autre
traité de même teneur, excepté que ce douaire
de la future y est fixé à 350 livres, non signé; 2°.
d'un acte passé à Laon, le 7 juin 1485, par
lequel Regnaut Douleat, écuyer, licencié en
loix, conseiller du roi, lieutenant-général de
monseigneur le bailli de Vermandois, & Jehan
de Reims, aussi licencié en loix, conseiller &
avocat du roi audit Laon, déclarent qu'ayant
vu le *géet* du mariage (pourparler) d'entre noble
homme & honoré sieur messire Raoul de Coucy,
chevalier, seigneur de Vervins & de Chemery,
& damoiselle Marie de Hans, fille de feu messire
Henri de Hans, signé de Jehan Colet & de
Nicolas de Drounet, ensemble la minute mise
en forme selon les articles du *geet* dudit mariage
ci-dessus transcrit, il leur semble que ladite
minute est conforme en substance auxdits

articles & se peut & doit passer par lesdites parties en cette forme. (*Original en papier, signé R. Douleat & J. de Reims.*)

Raoul de Coucy, seigneur de Vervins, fils d'Enguerrand de Coucy, seigneur de la même terre, & de Marguerite de la Bove, épousa 2°. Hélène de la Chapelle. (*Généalogie de Belleforiere, d'un auteur & d'une main inconnus, vol.* 87 *du Saint-Esprit, fol.* 769.)

Messire Raoul de Coucy, seigneur de Vervins & de Chemery, & dame Hélène de la Chapelle, sa femme, sont nommés au contrat de mariage de Madeléne leur fille, du 22 décembre 1512. (*Vol.* 87 *du Saint-Esprit, fol.* 743.)

Feu messire Raoul de Coucy, en son vivant chevalier, seigneur de Vervins & Chemery, est nommé dans une sentence arbitrale prononcée le premier septembre 1534, entre Jacques & Raoul ses fils, sur un différend mu entr'eux au sujet du partage de ses biens, terres & seigneuries, fait le 16 janvier 1522, en la présence de Marie de Luxembourg, duchesse de Vendôme. (*Copie papier.*)

Raoul eut pour fils aîné Jacques, seigneur de Vervins; & pour second fils Raoul de Coucy, ci-après.

JEAN, abbé de Bonne-Fontaine,

ROBERT DE COUCY, abbé de Foigny & de Saint-Michel en Thiérache.

RAOUL DE COUCY, *seigneur de* POLECOURT.

RAOUL DE COUCY, l'un des neuf-vingt-dix-neuf archers, faisant avec 100 hommes d'armes le nombre de 100 lances fournies des ordonnances du roi, étant sous la conduite de messire Robert de la Marche, chevalier, seigneur de Fleuranges, dont la montre fut faite à Provins, le 28 septembre 1514. (*Vol.* 242 *des sceaux*, *fol.* 887, *C.*) Dans cette compagnie se trouvent le bâtard de Mayé; Henri, bâtard de Sédan; le bâtard de Normanville; Michel, bâtard d'Inteville; & le bâtard de Bezancourt; & y sont qualifiés tels.

Raoul de Coucy partagea avec son frère les successions de leur père & de Marie leur sœur, le 16 janvier 1522, en la présence de haute & puissante dame, madame la duchesse douairiere de Vendôme, Marie de Luxembourg, & de son conseil. Il prétendit, depuis, que ce partage n'avoit pas été fait également; qu'il n'avoit pas eu sa portion contingente dans les biens, terres & seigneuries dont ces successions étoient composées, ni selon le droit & les coutumes des lieux; qu'alors il étoit mineur &

en bas âge , & ne connoiſſoit point la vraie
valeur des terres & ſeigneuries ſuſdites , &
vouloit revenir à un nouveau partage. Jacques,
ſon frère , prétendoit au contraire que ce
partage étoit valable , fait avec une mûre
délibération; que ſon frère l'avoit ratifié depuis
ſa majorité ; qu'il en avoit joui juſques alors
(1534); qu'il étoit âgé de 30 ans & plus. Pour
nourrir paix & amour fraternel entr'eux , ils
nommèrent. pour terminer leurs différends, ho‑
norables hommes , ſages , maître Pierre Lorriſſe,
avocat du roi au bailliage de Vermandois; Pierre
de Flavigny, bailli de Marle ; André d'Origny ,
avocat au ſiége de Reims ; & Jean Fremin ,
lieutenant-général du bailliage de Rhételois ,
avec leurs frères, Jean & Robert de Coucy.
Ceux-ci, après avoir examiné les titres & papiers,
eſtimé leſdites terres & ſeigneuries, prononcè‑
rent leur ſentence le premier ſeptembre ſuivant.
Par cet acte , ils déclarèrent que ce partage étoit
duement & valablement fait , & qu'il ſortiroit
ſon effet. Cette ſentence fut ratifiée par ledit
Raoul & ſon frère , le même jour premier
ſeptembre 1534, à Vervins , devant J. Chedaille
& C. Trevin, notaires. (*Copie collationnée le
29 avril 1752, par Trulat & Maréchal, notaires
au châtelet , & ſignée d'eux, ſur une autre
copie faite à l'original par Paſquier , Conſtant,
& Jean Hutin , notaires royaux. Papier.*)

Raoul de Coucy fut l'un des 100 hommes d'armes faifant avec les 200 archers le nombre de 100 lances fournies des ordonnances du roi, étant fous la conduite de monfeigneur le comte de Guife, gouverneur de Champagne & de Brie, dont la montre fut faite à Bar-fur-Aube le 22 août 1525. (*Vol.* 67 *des fceaux*, *fol.* 5171. *A.*)

Raoul de Coucy, l'un des 62 hommes d'armes, faifant avec 124 archers le nombre de 62 lances des ordonnances du roi, étant fous la conduite de monfeigneur le duc de Guife, dont la montre fut faite à Châlons en Champagne le 16 août 1528. (*Vol.* 250 *des fceaux*, *fol.* 1087. *A.*)

M. Raoul de Coucy, fieur de Vervins, eut en don du roi, le 2 août 1535, tous les biens de feu Charles d'Aubuffon, feigneur & baron de la Borne & du Dognon. (*Mémorial de la chambre des Comptes de* 151... *à* 1536, *cote* G G, *fol.* II. XLV, *vol.* 183 *des Mélanges*, *fol.* 293.)

Raoul de Coucy, feigneur de Vervins. Le roi ordonna que Jeanne d'Aubuffon, fille de Charles, feigneur de la Borne & du Dognon, feroit mife entre fes mains (de lui Raoul), pour l'époufer quand elle feroit nubile, & à cet effet lui fit don de la confifcation des biens de fon père, le 11 août 1535; mais cette alliance

ne fe fit pas. Cette confifcation fur Charles
d'Aubuffon avoit fuivi fa condamnation à avoir
la tête tranchée. (*hift. des grands officiers, tom. 5,
pag.* 335.)

Haut & puiffant feigneur meffire Raoul de
Coucy, chevalier, feigneur de Vervins, &
baron de la Borne, eft ainfi nommé & qualifié
dans l'acte de donation que fon frère Jehan
lui fit le 14 novembre 1538, ainfi qu'à fes hoirs
& ayans-caufe; 1°. de fix-vingt-huit livres dix-
huit fols onze deniers tournois de rente, qu'il
(Jean) avoit droit de prendre par chacun an
fur ladite terre & feigneurie de Vervins appartenant à lui Raoul par le partage ou fupplément
de partage d'entr'eux des fucceffions de leurs
père & mère; & 2°. de la terre & feigneurie de
Chehery, de la moitié de celle de la bezace, &
de celle de Paullecourt. (*Copie collationnée à
l'original par des notaires royaux à Vervins,
figné* Treoven *&* J. Bertin. Papier.)

Haut & puiffant feigneur meffire Raoul de
Coucy, feigneur de Vervins, la Bezace, Chehery
& Poilcourt, étant en la maifon feigneuriale
dudit Poillecourt, le 21 octobre 1539, devant
Havelet & de Saucelles, notaires royaux à Reims,
inftitua en fon nom des officiers pour l'exer-
cice de la juftice dudit lieu de Poillecourt, en
vertu des lettres de don qu'avoit fait à fon profit

devant Mathurin Viau & Katherin Fardeau,
notaires royaux au châtelet de Paris, le jeudi 14
novembre 1538, Jehan de Coucy son frère,
desdites terres & seigneuries de la Bezace,
Chehery & dudit Poillecourt, & ce après avoir
pris possession de ladite terre & seigneurie de
Poillecourt : il institua pour mayeur Jehan
Boulangier, pour greffier Jacquemin Champion,
& pour sergent Etienne Remy ; cette institution
faite en préfence dudit Jehan de Coucy, qui se
réferva l'usufruit de ladite terre de Poillecourt,
suivant l'acte dudit don ; l'acte signé desdits
notaires. (*Original en parchemin.*)

Haut & puissant seigneur messire Raoul de
Coucy, chevalier, seigneur de Vervins, exhiba
à Jehan Boulangier, mayeur de Poillecourt, en
préfence de Jehan Tourment, de Simon Henaul
& de Pierre Dormec, échevins en la justice
du même lieu, & de Jacquemin Champion,
greffier, le 21 octobre 1539, certaines lettres
de donation à lui faite par Jehan de Coucy
son frère, le 14 novembre 1538, pardevant
Mathurin Viau & Katherin Fardeau, notaires
royaux au châtelet de Paris, entr'autres chofes,
de la terre, feigneurie & justice haute, moyenne
& baffe dudit Poillecourt ; laquelle donation il
a le même jour acceptée pardevant Jehan de
Scaufelles & Girard Savetelle, notaires royaux

au bailliage de Vermandois , demeurant à
Reims , & requit lefdits mayeur & échevins
ladite donation être infinuée ès regiftres de
ladite juftice , ce que lefdits officiers lui accor-
dèrent. (*Original en parchemin* , figné **J.
Champion.**)

Haut & puiffant feigneur meffire Raoul de
Coucy , chevalier , feigneur de Vervins,
Chehery , &c. eft nommé dans un certificat
donné le 13 novembre 1539 , par Jehan Gillemer
de Bouttancourt & Jehan Layer, notaires royaux
à Chemery-fur-Bar : portant que fur la requifi-
tion de noble homme Jehan de Montbeton,
écuyer , procureur dudit feigneur fondé par
lettres, ils fe font tranfportés ledit jour au village
dudit Chehery , pardevant Collignon le Chanteur , mayeur ; Jehan le Chanteur , dit Poupart ;
Jehan Frère , le jeune , Jaccot Huart , Collas
Huttin , Jouet Pelletier , Jehan Heuon & Jehan
Pothier, échevins en la juftice dudit lieu , accom-
pagnés de Seribot leur greffier , & de la majeure
& plus faine partie des manans & habitans d'illè-
ques ; & que ledit de Montbeton , audit nom ,
déclara que Jehan de Coucy avoit baillé par
donation entre vifs audit meffire Raoul fon
frère , ladite terre & feigneurie de Chehery ,
donation que ledit Raoul avoit acceptée ; que
pour plus ample appréhenfion & inveftiture de

ladite

ladite terre & feigneurie, a requis à être reçu de prendre & appréhender la poffeffion corporelle, réelle & actuelle d'icelle; que lefdits gens de juftice obtempérant à ce, après avoir vu lefdites lettres, ils ont reçu ledit meffire Raoul de Coucy, abfent, en la perfonne de fondit procureur, pour leur feigneur naturel, le mirent en poffeffion & faifine de ladite feigneurie, comme plus amplement peut apparoir par lettres d'atteftation defdits gens de juftice dudit jour. Ce certificat figné defdits notaires. (*Original en parchemin.*)

A cette atteftation ou certificat eft attaché le certificat y énoncé des gens de juftice de la même feigneurie, du même jour. (Ce font les mêmes que ceux nommés ci-devant.) Raoul y eft furnommé de Coucy, & qualifié haut & puiffant feigneur, meffire, chevalier, feigneur de Vervins. L'acte figné (Drouet); Seribot, greffier. (*Original en parchemin.*)

Raoul de Coucy fut panetier du roi François I, depuis 1536 jufqu'en 1544. (*Vol.* 4 *des maifons des rois, fol.* 2109.)

On trouve (*au même vol. fol.* 2095) entre les gentilshommes du même prince, meffire René de Coucy, feigneur de Vervins en 1544; peut-être eft-ce René pour Raoul, car il n'y a point

D

de René de Coucy, seigneur de Vervins à cette époque.

Raoul de Coucy, seigneur de Vervins & de Woulpaix, commis par messieurs du conseil à faire la montre & revue de la compagnie de 40 lances, étant sous la conduite de M. le duc d'Estampes, certifie à Marle, le 5 mai 1552, qu'il avoit vu les hommes d'armes & archers qui composoient cette compagnie, & qu'il les avoit trouvés en bon & suffisant état & habillement de guerre ; ce certificat signé R. de Coucy, & scellé de son sceau fascé de vair & de............ (*Vol.* 256 *des sceaux, fol.* 1439.)

Honoré sieur Raoul de Coucy, seigneur de Vervins, Woulpaix, Chehery & la Bezace, demeurant à Chemery-sur-Bar, pour reconnoître les bons & agréables services que lui a faits dès le tems de sa jeunesse & fait encore Pierre du Liz, écuyer, demeurant audit Chemery, lui fit don, par acte passé au même lieu de Chemery, devant Aléaume Camot, demeurant à Borteron, & Jehan le Febvre, demeurant au Chêne-le-Populeux, notaires royaux de la baillie de Vermandois, à Reims, le 3 octobre 1553, du lieu, terre & seigneurie de Chehery, avec toutes ses appartenances, appartenant à lui donateur, *soit de son propre naissant, soit de ses acquêts &*

conquêts, ou autrement ; ledit lieu , terre &
seigneurie tenu en franc-aleu & franc-fief, sous
la réserve de l'usufruit la vie durant. (*Grosse en
parchemin signée desdits notaires.*)

Raoul de Coucy , écuyer , seigneur de
Vervins , Woulpaix , Fontaine , Landouzy ,
Burevilles , Saint-Pierremont & Curbigny , &
Jacques de Coucy , seigneur de Chemery ,
Couvaiges, Saint-Aignen-au-Bois , Saint-Basle &
Landrecourt , comparurent par procureur à la
réformation des coutumes du bailliage de Ver-
mandois , suivant le procès-verbal d'icelle , du
dernier octobre 1556. (*Coutumes générales &
particulières du royaume , corrigées par du
Moulin , & augmentées par Gabriel Michel* , in-
fol. Paris , 1634 , *vol.* 1 ,*pag.* 550.)

Nota. On a changé les noms de baptême de ces
deux sujets , ce qu'il est facile de vérifier par leurs
terre .

Honoré seigneur *Rault* de Coucy , sieur de
Vervins , est nommé dans un acte judiciaire du
28 décembre 1556. par lequel appert une forme
de plaits généraux tenus au lieu de Poillecourt ,
où les habitans dudit lieu ont été appellés &
assemblés en communauté par lui *Rault* de
Coucy, comme ayant droit de donation faite

par Jean de Coucy son frère de ladite terre &
seigneurie de Pollecourt ; cet acte signé Philippes
Vrevin, commis au greffe.

Ledit *Rault* de Coucy est encore nommé
dans un autre acte, portant que Pierre de Leis
(du Lis), écuyer, & seigneur de Cresency & de
Chehery, chargé de la procuration dudit *Rault*,
prit possession de ladite seigneurie au nom de
lui Rault par le même jour, (cette expression
même jour n'est point relative à la date précé-
dente de 1556,) & y établit des officiers. Ces
deux actes sont mentionnés en extrait dans une
sentence de la justice de Poillecourt, rendue le
26 novembre 1571, entre honoré seigneur Louis
de Coucy.... (*Original en papier.*)

Raoul de Coucy fut enterré dans l'église
de l'abbaye de Sauvay sous Laon (Sauvoir),
devant le grand autel, proche la balustrade,
sous une tombe plate de cuivre, sur laquelle est
écrite l'épitaphe suivante. 1561 :

« Cy-devant gist le très-noble cœur de messire
Raoul de Coucy, chevalier, sieur de Vervins,
gentilhomme de la chambre du roi, gouverneur
du comté de Marle, lequel a *eu l'église pour
son souverain trésor*, & a donné de ses biens *en
ce lieu*, pour être participant aux prières qui *cy*
seront ; lequel trépassa le XXII jour de mars mil
VCLX & ung. Priez dieu pour son ame » . Cette

tombe eft auſſi chargée de l'écuſſon de ſes armes, qui eſt un faſcé de vair & de gueules, & ſurmonté d'un caſque. (*Vol.* 13 *des épit. fol.* 489.)

M. *Raou* de Couci , écuyer , étoit *perre* de M. Lois de Couci , écuyer, ſeigneur de Poillecourt, & lui avoit donné la ſeigneur*i* dans un regiſtre de la bourgoiſi dudit lieu, de l'année 1561. (*Original en papier.*) Voyez ſur tout ſous cette date l'article de Louis ſon fils.

Raoul de Couci eut de Nicolle de Soigny, ſon amie, une fille nommée Jeanne, qui fut naturaliſée au mois d'avril 1574. (*Vol. M, fol.* 321 *des légitimations.*)

Raoul de Couci, écuyer, eſt dit père de M. Lois de Couci, écuyer, ſeigneur de Poillecourt, & lui avoit donné la *ſignuri* de Poillecourt, par ſon *contra* de mariage, dans un regiſtre de la recette de Poillecourt, de l'année 1551. (*Original en papier.*) Voyez ſous cette date l'article de Louis, ſon fils.

LOYS DE COUSSY fut l'un des 99 hommes d'armes, faiſant avec 149 archers le nombre de 100 lances des ordonnances du roi, eſtans ſous la charge de M. de Sedan, chevalier de l'ordre du roi, maréchal de France, dont la montre fut faite en robe à Sedan le 26 janvier

1551. (*Fol.* 251 *des sceaux*, *fol.* 1421, *B. Original.*)

JEANNE DE COUCY, fille naturelle, légitimée en avril 157.. (*Vol. M des légitimations, fol.* 321.)

Loys de Couffy, l'un des 79 hommes d'armes, faifant avec 117 archers le nombre de 100 lances, fournies des ordonnances du roi, eftans foubs la conduite de monfeigneur le duc de *Buillon*, chevalier de l'ordre du roi & maréchal de France, dont la montre fut faite en armes à Croify près le camp, le 3 août 1553. (*Vol.* 257, *fol.* 1465, *A. Original des sceaux.*)

Nota. On trouve dans cette montre un bâtard de la perfonne, & un batard d'Averhoult, qualifiés tels.

Loys de Coucy, l'un des 86 hommes d'armes, faifant avec 7 vingt 4 archers le nombre de cent lances des ordonnances du roi, *eftans foubs* la conduite de M. le duc de Bouillon, chevalier de l'ordre du roi & maréchal de France, dont la montre fut faite en robe à Sedan le 29 janvier 1554. (*Vol.* 257, *fol.* 1505, *A. Origin. des sceaux.*)

Les mêmes bâtards de la perfonne & d'Averhoult s'y trouvent.

On trouve un autre

Loys de Coucy , l'un des 45 archers , faisant avec 30 hommes d'armes le nombre de.....

lances des ordonnances , estans sous la conduite de M. le comte de Chaulne , dont la montre fut faite en armes à Saint-Quentin le 4 juin 1565. (*Vol.* 261 *des sceaux* , *fol.* 1723 , *D.*)

« Regiftre de la bourg*ois* de Poillecourt , deu tous les ans & à percevoir par chacun bourg*ois* de Poillecourt , au jour de *Noé* , qui eft une *Pouile* vif en *pleu*me , quinze den*ier* d'argens & un cartelet d'avoine , mefure du lieu , & pour les veuf moitié ; & à faute de paier ces *drois* , le feigneur a *drois* d'envoier dependre la porte de *celi* qui eft refufant de paier par ces officiers , & *li* faire défences de rependre fa porte , qu'il n'ait paié , à peine d'amende de 22 *fous* parifis.

» La déclaration des bourgeois qui demeurent dans le village de Poillecourt en l'année 1561 , reçu par moi Petit-Jean de Martignicourft , pour M. Lois de Coucy , écuyer , feigneur de Poillecourt , comme ayant la feigneur*i* par donation de M. *Raou* de Coucy , écuyer , fon père.

Et premier ,

Nicolas Marquer doit une pouile. (Il y a enfuite d'autres noms de bourgeois débiteurs , à côté defquels il y a un P , ou un X , pour marquer fans doute qu'ils ont payé , ou refufé de payer.)

(Copié fur l'original de 3 feuilles pliées en 2, dont 4 pages d'écriture.)

» Recette de la terre & feigneuri de Poille-court, pour le jour de *fain* Remy 1561, favoir que chacun bourg*ois* doit audit jour pour chacun jour de *terre*, tant *haut* que *bafe*, *deu* denier t. & pour chacun jour de jardin, trois cartel d'avoine, & *deu fou fi* denier tournois.

Reçu par moi Jehan de Martignicour, pour M. Lois de Coucy, efcuyer, feigneur de Poille-court, comme ayant la *fignuri* par donation par contra de mariage de Raou de Couci, efcuyer, fon pére.

Et premier,

Jean de Martignicour, pour *ces* cens & rentes, doit 11 f... deu. tournois.

(Il y a enfuite un nombre d'autres noms de bourgeois, à côté defquels font un P, ou un X, ou croix, pour marquer fans doute ceux qui ont payé ou non.)

(Copié fur l'original en papier de 7 petits feuillets, dont 6 feuillets & demi d'écriture.)

Honoré feigneur (*Nota.* Ce mot feigneur eft prefque toujours ainfi. *Sr*, dans le regiftre d'où cet acte & d'autres qui fuivent font tirés; & ce qui prouve que cet abrégé tient lieu du mot feigneur écrit tout au long, c'eft que dans un autre acte rapporté ci-après, du 10 décembre

1576, où le mot *seigneur* est absolument néces-
saire, il est rendu par l'abrégé *Sr*. Cependant
un autre acte aussi rapporté ci-après, du 14 janvier
1577, donne à Loys le titre d'*honoré seigneur*
tout au long.) Louys de Coucy eut un procès
contre Poncelet Fouberteaux , dans la justice de
Poillecourt ; c'est ce qu'on apprend d'une sentence
donnée aux plaits de ladite justice tenus le 26 nov.
1571, par *Symon* Meunier, *majeur* en icelle ,
Pierre Croquet & Estienne le Myere estans
échevins. Il s'agissoit d'une matière de nouvel-
leté. Louis de Coucy , joint au procureur d'office
qui étoit demandeur, disoit qu'il se déportoit
d'informer par témoings , & consentoit forclu-
sions pour cet égard ; que pour la preuve &
vérification de ses faits , il emploioit certain
acte judicier daté du 18 jour de décembre 1556,
par lequel « appert une forme de plaits généraux tenus audit lieu de Poillecourt, où les
habitans dudit lieu y ont été appellés & comparu ,
où la plus saine partie d'iceux congrégés &
assemblés en communauté par honoré seigneur
Rault de Coucy , seigneur de Vervins, comme
ayant droit de donation faite par Jehan de
Coucy son frère , abbé commendataire de
l'abbaye de Bonne-Fontaine , de la terre &
seigneurie de Poillecourt, signé Philippes Tremin,
commis au greffe ; comme aussi un certain

regiftre original, entr'autres *ung* acte portant
que Pierre du Leis (du Lys), écuyer, feigneur
de Crifcancy & de Chehery, procureur fpecia*le*
dudit *Rault* de Coucy, qui fit apparoir, lors de
fa procuration fpecial, que par icelle, & *at*
prés poffeffio*ns* de ladite feigneurie au nom
dudit *Rault* de Coucy par le même jour, ayant
pris ladite poffeffion, il *at* commis & établi
procureur d'office, greffier, fergent & autres
officiers. Il requéroit enfuite à eftre reçu en fes
dires, & le deffendeur être fortclos de toute
preuve & fatisfaction des arremens derniers, &
que droit lui fût fait moyennant certain délay
qu'il demandoit pour produire lefdits titres dedans huitaine, pour faire droit à quinzaine ».
(*Regiftre en papier contenant des minutes origi-
nales de fentences de la juftice de Poillecourt,
coté* O, *page* 55.)

Noble homme Louys de Coucy, feigneur de
Poillecourt, comparu le 10 décembre 1571,
devant Symon Meufnier, mayeur en la juftice
dudit lieu de Poillecourt, Pierre Croquet &
Nicolas Martin, efchevins ordinaires, & leur
dit & déclara que Thiebault Hues, mofnier
dudit lieu, avoit quictés au *molin* & marché qu'il
avoit de lui feigneur de Poillecourt, & que
pour ce il a fait comparoir Jehan Cordelot, l'*ung*
des cautions dudit Hues, & a promis de le rendre

quitte & indamniſer de ladite caution , à la charge qu'il demeureroit caution comme aupa-ravant , juſqu'à ce que icelluy Hues eût payé ces arrérages qu'il pouvoit devoir , enſemble les refection d'icelluy molin. (*Reg. origin. p.* 57.)

Honoré ſeigneur Louys de Coucy , ſeigneur de Poillecourt , eſt nommé dans une ſentence donnée le 17 décembre 1571 , aux plaits de la juſtice dudit lieu , par les mêmes officiers , entre lui & Poncelet Fouberteaux , par laquelle il fut dit que leurs productions ſeroient communiquées & entr'eſchangées pour bailler contredits dans la huitaine. (*Reg. idem* , *pag.* 61.)

Loys de Coucy , eſcuyer , ſeigneur de Poilecourt , y demeurant , fit , le 29 décembre 1571 , en ſon nom , & comme ſe portant fort de dame Marie de Bezannes ſa femme , avec Philippes de Bezan-nes , eſcuyer , demeurant à Villers-Franqueux , frere de ladite femme , le partage d'une maiſon , *court* , grange , eſtables , vergers , jardins & caves , lieu & pourpris , ſiſe audit lieu de Villers-Franqueux , appellée la maiſon de l'Eſcu de France , eſchüe auxdits Philippes & Marie de Bezannes , par la ſucceſſion de feu Jehan de Bezannes , eſcuyer , leur pére ; l'acte de ce partage paſſé audit lieu de Villers , devant Richart & Collet , notaires royaux , demeurant à Conniſſy. (*Groſſe en papier , ſignée deſdits notaires , 29 décembre 1571.*)

Honoré feigneur Loys de Coucy, feigneur de Poillecourt, eft nommé dans une autre fentence de la juftice dudit lieu, du 7 janvier 1572, rendue auffi par les mêmes officiers en plaits entre lui demandeur, fon procureur d'office joint à lui, & ledit Poncelet Fouberteaux deffendeur; par laquelle il fut dit que les contredits donnés par celui-ci contre fa production lui feroient communiqués, pour en revenir par contredits aux prochains plaits. (*Regift. id. p.* 6.)

Honoré feigneur Louys de Coucy, feigneur de Poillecourt, joint à fon procureur d'office, eft encore nommé dans une autre fentence de la juftice dudit lieu ès plaits du 4 février 1572, rendue par les mêmes officiers entre lui comme demandeur, & ledit Fouberteaux deffendeur; par laquelle il fut ordonné que les contredits de celui-ci, & les falvations de lui demandeur, feroient mis vers lefdits officiers pour faire droit. (*Reg. idem, p.* 67.)

Du 21 *avril* 1572.

PLAITS tenus par nous Symon Meufnier, majeur en la juftice de Poillecourt, Pierre Crocquet, Jehan Navelot & Jehan Croylet, efchevins ordinaires.

Ledit jour, en préfence de Pierre Crocquet,

lieutenant à préfent & maieur dudit Poillecourt,
Jehan Navelot, efchevins & plufieurs autres
recors, Louys de Coucy, feigneur dudit Poillecourt, & Claude Maillet, procureur d'office
dudit lieu, ont prié, fommés, requis, & interpellés
à Symon Meufnier, maieur dudit lieu, Eftienne
le Myerre, & Nicolas Martin, efchevins depuis
naguerres, & préfents en perfonnes, qu'ils aient
à rendre fautance deffinitive en la caufe müe &
intentée pardevant eux d'antre ledit de Coucy &
procureur d'office, demandeur à l'encontre de
Poncelet Fouberteaux, demeurant en ce lieu,
deffendeur, parce qu'il ne fouffit de la fantance
intervenue le 4 février dernier mois; & à faute
de ce faire, recourir fur lefdits maieur & efchevins par iceux demandeurs, tous dépens, dom-
mages & intérefts qui en pourroient advenir:
lefdits majeur & efchevins ont requis acte de
ce préfent, fans aultre chofe refpondre ni
alléguer, ce qui a été pris pour refus par
lefdits demandeurs, & requis acte pour à eux
fervir en temps & lieu, que de raifon, à eulx
octroyé du jour & an que deffus. (*Reg. idem*,
pag. 71.)

Loys de Coucy, efcuyer, feigneur de Poillecourt, & y demeurant, expofa à François de
Proify, baron de la Bove, chevalier de l'ordre
du roi, fon bailly de Vermandois, qu'il avoit

acquis par acte du 4 décembre 1573 , de François Hennet, marchand , demeurant à *Vrevin* , une rente de 50 livres tournois , rachetable de 600 livres , assise sur des biens appartenans audit Hennet, que celui-cy les avoit vendus à Antoine d'Ode , demeurant audit *Vrevin* , à la charge de lui paier ladite rente , & requit audit bailly ses lettres de provision pour la seureté du paiement de la même rente. Sur cette requeste ledit bailly manda par ses lettres du 9 février 1576, au premier sergent dudit bailliage sur ce requis , de faire adjourner pardevant lui en la cour du roi à Laon ledit d'Ode , pour *oir* ses conclusions estans *ad* ce qu'il seroit condamné son obligé vers ledit seigneur de Foillecourt de continuer ledit paiement. Ces lettres signées Brisbart , & scellées d'un sceau chargé d'une fleur-de-lys. (*Original en papier.*) A la suite est la signification desdites lettres faite audit d'Ode à *Vrevin*, le lendemain, signée du Chesne. (*Original en papier.*)

Loys de Coucy, écuyer, seigneur de Poillecourt, intervint à un acte passé devant Foncelet Augier & Nicolas Bonnestrayne , notaires royaux au bailliage de Vermandois à Reims, le 2 septembre 1574 , par lequel Perrette de Claircelier, veuve de feu Mathieu de la Rue, demeurant à la Ville-aux-Bois , & Jehan de Paujoy,

demeurant audit lieu, tant en son nom que
se faisant fort d'Anthoynette de la Rue, sa
femme, vendirent à Renaud Cauchon, escuyer,
seigneur de Condé, demeurant en ladite ville
de Reims, quarante-deux septiers un quartel
de terres arables en plusieurs pièces assises au
terroir d'Escry & Vaulboison, & 3 petites pièces
de bois assises au terroir dudit Vaulboison,
contenant ensemble 6 quartels ou environ, en
la seigneurie & jurisdiction foncière des seigneurs
desdits lieux, & ce moyennant la somme de
3 ¡0 livres tournois ; & ledit seigneur de Poillecourt s'obligea de faire ratifier cette vente par
ladite Anthoinette de la Rue dans 3 mois.
(*Grosse en parchemin, signée Augier & Bonnestrayne.*)

Honoré seigneur Louys de Coucy, seigneur
de Poillecourt, eut en la justice de Poillecourt
un procès en réparation d'injures, à l'encontre
de Symon Navelot, *marchal* & bourgeois dudit
lieu; il comparu en personne, assisté de son
procureur, & Navelot en personne. Voici le
narré de la cause tel qu'il est dans la sentence
rendue aux plaits de ladite justice le 10 decembre
1576. « Ledit demandeur a ramenez à fait que
combien qu'il soit Sr. dudit Poillecourt, en toute
jurisdiction haute, moyenne & basse, ou ses

bourgès demeurans *font fubgés* à lui obéir
moyennant que ce ne foit chofe à eux préjudi-
ciable, & en tout cas lui porter honneur &
reverance, lui foutenir fon bon droit, tant en
l'abfence comme en fa préfence, comme bons
bourgès dobvent faire à leur Sr. Ce néanmoins
& depuis deux *moy* ou environ ledit Navelot,
bourgès comme deffus, à l'abfence dudit Sr. *ou*
lieu de le foutenir & lui porter honneur, lui
a *portés* blafme avec fcandal, arrogance & rébel-
lions, audevant d'autres *bourgès* & étrangers
incognus *ou*dit Poillecourt, gens de guerre y
logé & à l'environ pendant & durant des
reiftres en ce pays, comme de dire par ledit
Navelot impertinemment & irréveremment que
ledit Sr. de Poillecourt eftoit un mefchant, &
qu'il rugnoit lui & les autres *bourgies*, & qu'il
n'y contoit rien à lui & à tout fon fait, comme
sy ce fût efté une perfonne de baffe condition,
& femblable audit Navelot, nonobftant les re-
montrances à lui *faits* par *feulx* qui eftoient
préfens, en *damger* par fes mauvais langàge
& malverfations par lui commis *ou* préjudice
& contre l'honneur & *haulbeiffance* dudit Sr.
envers les gens de guerre, meftre icellui Sr. en
grand querelle qui euffent peu advenir; conclud
ledit Sr. icelluy Navelot *bourgies* eftre condamné
reparer lefdites injures *atroffe*, & en amende
honorable

honorable & proufitable envers ledit Sr. jufques
à la fomme de cent livres parifis , à icelle
fomme payer par emprifonnement de fa perfonne , requérant fur ce l'injuéfion de fon
procureur d'office ; & pour ce employe icelluy
Sr. les charges & informations fur ce *fait* en fa
requette à l'encontre d'icellui Navelot , & que
ledit procureur d'office , préfent, ce requérant ,
a efté reçu joint , pour conclure par après
comme il verra être à faire pour raifon , offrant
prouver en fin de defpens, & que ledit deffendeur
a requis delay pour deffendre , lui a efté octroié
à huitaine pour toute preffifion & delay , joingt
ladite qualité ; & aura acte ledit Sr. de ce qu'il dit
eftre venu exprès en ce lieu de Viller-Franqueux
là où il fait fa réfidence » . (*Reg. de la juftice de
Poillecourt , cité ci-deffus* , p. 248.)

On trouve fur ce procès les 3 autres fentences
fuivantes de la même juftice, rendues en plaits
tenus par les officiers , & un acte d'appel.

Première Sentence du 4 janvier 1577.

« Entre honoré feigneur (*ce mot feigneur eft
ici tout au long*) Loys de Coucy, feigñe (*ce mot
eft ainfi abrégé ici*) de Poillecourt , demandeur
en réparation d'injure , & le procureur d'office
joint avec luy, contre Symon Navelot, deffendeur,

E

qui jour a par continuation & difcontinuation
à deffendre à l'audiance de la caufe; les parties
en perfonne, & ledit Sr. par G. Maillet fon procureur, ledit deffendeur a furny de deffenfes
par *efcript mis* au greffe , & paraphé *ne varien-
tur* , lefquelles ont efté *mis* ès mains defdits
demandeurs pour icelle rapporter , & repliquer
à huitaine». (*Regift. id. p.* 253 *&* 254.)

Deuxième Sentence du 21 *janvier* 1577.

« Entre honoré Sr. Louys de Coucy, Sr. de
Poillecourt , & le procureur d'office joint , demandeur à l'encontre de Symon Navelot, deffendeur à l'audiance de la caufe , ledit Sr. par C.
Maillet, & ledit procureur affiftant & deffendeur en
perfonne: ledit Sr. de Poillecourt, pour repliques
aux deffenfes dudit deffendeur , *ar* dit que ledit
deffendeur doibt eftre débouté de fes deffenfes ,
pour ce qu'il ne contefte pertinemment fur ces
injures par lui prophercz de fa bouche , & mis
en avant par icelluy Sr. demandeur , comme
porté eft par les charges & informations de ce
faites , ne fuffit de telle réparation contenue par
lefdites deffenfes; pour ces caufes perfifte en fes
conclufions ; & ledit procureur deffendeur joint
avec lui, qui a eu communication des deffenfes
dudit deffendeur , a requis pour l'inftruction du

procés, que ledit deffendeur foit pris & conftitué prifonnier dudit Sr. de Poillecourt, pour être interrogé, efter à droit, dire par fa bouche & fes *confeil* fur lefdites charge & informations, & que deffenfes lui foit *fait* de ne fortir des prifons à lui données en peine de 60 livres parifis d'amende, & d'être at*tint* & con*vainqus* des cas à lui impo*fé* ; joint que par lefdites deffenfes il appert que ledit deffendeur n'*aiftint* fon fait, fuivant lefdites charge & informations nous avons, ce requérant (ledit Sr. de Poillecourt), icelluy deffendeur fait & conftitué prifonnier dudit Sr. de ce lieu, afin d'être interrogé fur lefdites charge & informations, avec deffenfes à lui fait ne partir, ne...... de ce lieu de Poillecourt, tant & jufques ce qu'il fuft par nous interrogé, en peine de 20 livres parifis d'amende, & d'être *attint* & con*vainqus* des cas à lui impofez; & cependant ont *eftez* les deffenfes dudit deffendeur mis audit procés, & y avoir tel égard que de rayfon ». (*Reg. idem, p.* 253 *&* 254.)

Afte d'appel du 28 *janvier* 1577.

cc Eft comparu au greffe de lâ juftice de Poillecourt, Symon Navelot, maréchal, demeurant à Poillecourt, lequel a déclaré que

l'appointement rendu contre lui le 21 jour du
mois de janvier dernier ; au prouffit de *Louy
de Coucy*, *efcluyer*, Sr. dudit Poillecourt, &
du procureur d'office dudit lieu, il appelloit &
de fait a appellez, requérant acte dudit appel à
moy Greffier, ce que lui *at* octroyé les jour &
an que deffus, en préfence de Eftienne de France
& Jehan Croizet ». (*Reg. idem*, *p. 255.*)

Troifième Sentence du 13 mai 1577.

« Entre honoré feignr. (*ainfi abrégé*) Loys
de Coucy, Sr. de Poillecourt, & le procureur
d'office joint, demandeur contre Symon Navelot,
deffendeur à la fignification par *Symont* Fort,
fergent, comme il eft apparu à l'audiance de
la caufe ; le demandeur en perfonne, ledit
deffendeur non comparant ni procureur pour
lui ; contre lequel, ce requérant, a efté baillé
& octroyé deffault ; & à fon deffault ledit Sr.
de Poillecourt, affifté de G. Maillé fon procureur, ledit procureur en perfonne *at* dit que
dès le 23 de janvier dernier, ledit Navelot
eft *portez* pour appellant d'*ung* certain appointement rendu contre lui le 21 jour dudit mois,
& pour ce que l'appellation eft en déferte, &
n'a ledit Navelot relevé dedans le temps,
requiert ledit Sr. que ledit appointement fur

l'appellation fera exécuté nonobftant ladite appellation , & en fin de de penz. Nous, avant faire droit, avons dit que ledit Navelot ferat rappellez fur i elluy deffaut pour venir refpondre fur les déclarations & requeftes dudit Sr. & du procureur d'office, pour icelluy eftre rappellez ; & à fon deffault , s'il ne compare , fera continuez, & fera fait droit auxdits demandeurs aux fins que deffus >>. (*Reg. idem* , p. 267.)

On ignore qu'elle fut la fin de ce procès ; il n'y a après cette fentence que 4 feuilles entières de ce regiftre, le refte eft ufé de vétufté : on y trouve, à la page 274, une vente faite le 17 jour du *may* de juin 1577, pardevant...... Maugeot, maire à la juftice de Poillecourt, Crepin Mayol , Bertrand Camus , & Jehan Champion, efchevins ordinaires , par .... Louys de Coucy , Sr. de Poillecourt, demeurant à Ville-Franqueux, eftant audit Poillecourt , à Nicolas Defchamps, laboureur demeurant au Mefnil, d'une piéce de terre fife audit terri*toir*.

Lois de Couci, efcuier , fieur de Poilecourt, demeurant à Villiers-Franqueux , comparut , le 19 décembre 1580 , devant Laurent Cauchon, efcuyer , lieutenant-général de M. le bailly de Vermandois au fiège royal & préfidial de Reims , & s'offrit de fe purger par ferment fur les conclufions de Nicolas Egol , fergent à cheval au châtelet de Paris, regiftrées en l'acte du 12 juillet précédent ; & après qu'il eut fait ferment, il dit qu'environ trois ans auparavant il avoit mis ès mains dudit fergent une obligation & commiffion exécutoire portant à fon profit, à l'encontre de Nicolas de la Grappe & damoifelle Jehanne d'Ogny fa femme, demeurant à Aure, en vertu de laquelle commiffion il avoit exécuté ledit la Grappe & fa femme pour la fomme de 65 livres, par prife de deux jumens, qui depuis avoient été vendues par un autre fergent, & que lui Sr. de Poillecourt avoit été payé de fa dette à 22 livres près, fur les deniers provenus de ladite vente ; que ledit Egol ayant remis audit fergent lefdites obligations & exploits avoit demandé audit Sr. de Poillecourt fon falaire, qu'il lui avoit répondu qu'il n'étoit pas encore payé de fon principal, & qu'il le fatisferoit en parachevant ladite exécution, & en lui rendant lefdits exploits & pièces ; qu'il (ledit Sr. de Poillecourt) confeffoit qu'il avoit reçu par les mains d'honnorable homme maître Jehan Colbert, naguerres lieutenant-général en ce fiége, quelques fommes de deniers procédant de la vente de l'une defdites jumens. (*Original en papier*, figné *Chertems*.)

Loys de Couffy, efcuyer, *feigneur de Poille-court* (ces trois mots foulignés font hors

ligne , mais écrits dans le temps), & damoiselle
Marie de Bezannes (elle étoit fille de Jean de
Bezannes , seigneur de Condé , *Nobiliaire de
Champagne* , tome 1 , *page* 221 , *Généalogie de
Bezannes* ,) mariez , demeurant à Villers-Fran-
queux , vendirent , par acte passé au logis de
Bonnestraine , notaire , devant ledit notaire &
Augier aussi notaire , le samedi 24 novembre
1581 , à Jean Richelet , laboureur , demeurant à
Yfle , une pièce de terres arrables au terroir de
Poillecourt , contenant sept quartels ou environ ,
moyennant 3 escus 20 sols. (*Grosse en papier
signée desdits notaires.*) Cet acte fut controllé le
lendemain , signé Bohin. A la suite est l'investi-
ture donnée audit acquéreur le 22 décembre
suivant , par Pierre Crocquet , lieutenant de
M. le bailly de la justice de Poillecourt , desdits
sept quartels de terre à lui vendus par Louys
de Coucy , escuyer , & seigneur dudit Poillecourt ,
& damoiselle Marie de Bezannes sa femme.
(*Original en papier* , signé *F. Cathillon.*)

Louys de Coucy , seigneur de Poillec. est ainsi
nommé , surnommé & qualifié dans un papier
de la recepte dudit lieu de Poillec. à lui deubz
au jour & fête saint Remy en octobre l'an *cinq
cent quatre vingt* (*N*. ces quatre mots soulignés
font d'une encre moins noire , mais de même
main que le reste) & cinq (1585) de tous

cens & rentes que les bourgeois & autres doi-
vent pour terres arables eftant affis audit terroir,
avecques auchune mafurage, tant en argent,
pouilhe & avoine. (*Cahier original en papier
de quatorze feuillets de petit in-fol. brûlé par le
bas, & dont la fin manque, écriture du tems.*)

Loys de Coucy, efcuyer, Sr. de Poillecourt,
& damoifelle Marie de Bezannes fa femme,
eurent un procès contre Jehan Hardy, demeurant à Villers-Franqueux, pour raifon de quelques excès par lui commis à la femme dudit
Sr. de Poillecourt, ainfi que des irréverences &
blafphémes par lui proférés, & pour lefquels
ayant été décreté de prife de corps, il s'étoit
abfenté; c'eft ce qu'on aprend de la déclaration
par eux faite des dépens & mifes avancés par
eux devant le lieutenant du bailly de Vermandois au fiège préfidial de Reims : cette déclaration, non datée, eft fuivie de l'ordonnance dudit
lieutenant du 7 novembre 1587, qui taxe ces
dépens à 11 livres 4 fols 6 deniers. (*Original en
papier, figné Frizon.*)

Loys de *Couffy*, efcuyer, & damoifelle Marie
de Bezannes fa femme, demeurant à Villers-
Franqueux, vendirent, par acte paffé devant
Augier, Bonneftrainne, notaires, le 22 octobre
1588, à Jehan Richelet, marchand, demeurant
à Ifle, deux pièces de terre affifes au terroir de

Poillecourt, contenant un feptier, moyennant 5 écus fol. 20. (*Minute originale en papier, fignée Louys de Coucy, Marie de Bezanne, Richelet, & defdits notaires.*)

Loys de *Couffy*, efcuier, Sr. de Poillecourt, & damoifelle Marie de Bezannes fa femme, demeurant à Villers-Franqueux, vendirent, par acte paffé devant les mêmes notaires, au même marchand, le 18 décembre 1583, une piéce de bois de fept vingt onze verges, affife au terroir de Poillecourt, moyennant 37 efcus 45 fols. (*Groffe en papier, fignée defdites notaires.*)

Loys de *Couffy*, efcuyer, feigneur de Poillecourt, demeurant audit Poillecourt, vendit, par acte paffé à Reims, devant Argier & Vaurouart, notaires royaux, le 7 avril 1594, à Jacques de *Couffy*, fon fils, efcuyer, & à damoifelle Anne de la Bruyere fa femme, 1°. une place appellée la haute & baffe Motte, avec les dépendances à l'entour d'icelle, eftant de nature de *franc-alœuil* noble, & eftant du *propre & naiffant* dudit Sr. de Poillecourt vendeur, non fujet à relief, foit audit fieur de Poillecourt père, ni à fes autres hoirs & ayant caufe ; fur laquelle place ledit Jacques de Coucy, achepteur, avoit fait conftruire une maifon en laquelle il pourroit encore faire mettre un colombier, eftables & autres habitations, pont-leviz, marque de feigneurie, foſſés & autres commodités, ſans qu'il puiſſe être empeſché par ledit Sr. vendeur, leſdits hoirs & ayans cauſe, avec le tiers en propriété de tous les cens, rentes, ſurcens, & autres droits feigneuriaux, tant en argent, grains, poulles que autrement, qui ſe payoient en ladite feigneurie de Poillecourt : & 2°. le tiers de la juſtice haute, moyenne & baſſe, pouvoir d'eſtablir maire, eſchevins, greffier, ſergent & autres officiers en la juſtice dudit Poillecourt pour un tiers, avec le tiers des confiſcations, droit d'eſpavete, au-beynes, mortes-mains, droit de chaſſe & de rivière : à la charge que leſdits acquéreurs ne pourroient prétendre aucune choſe en la maiſon feigneuriale dudit Poillecourt, juſqu'après le décés dudit Sr. de Poillecourt vendeur, en ce qui appartiendra audit Sr. de Coucy ſon fils, ſuivant la coutume des lieux : leſdits biens vendus quittes de toutes charges, comme eſtants franc-*alœuil* noble, ledit tiers deſdits droits feigneu-riaux de ladite *feigneurie* de Poillecourt par-tiſſant à l'encontre dudit Sr. vendeur à qui appartenoient les deux autres tiers qu'il réſerva à ſoy : cette vente faite moyennant la ſomme de 340 livres tournois pour le marché principal. Il fut ſtipulé que cette acquiſition *feroit & ſorti-rois de propre & nature de naiſſant* à ladite

damoiſelle de la Bruyere, pour la remplacer pour
partie du prix de la vendition, faite la veille
par ledit Sr. de Coucy fils à Michel Piquois,
d'une maiſon fiſe à Reims, rue de la Couture.
Ledit Sr. de Poillecourt, vendeur, promet faire
ratiſſier ladite vente par damoiſelle Marie de
Bezannes ſa femme. (*Groſſe en parchemin,
ſignée deſdits notaires.*) A la ſuite de cette
vente ſont la ratification d'icelle, faite à Reims
devant leſdits notaires le 18 du même mois, par
damoiſelle Marie de Bezannes, femme & épouſe
de Loys de Couſſy, eſcuier, Sr. de Poillecourt,
au profit de Jacques de *Coucy* ; (*Nota* cette
variété d'orthographe dans le même titre.)
(*Groſſe ſignée deſdits notaires.*) & 2°. la priſe
de poſſeſſion deſdits biens, faite le 5 ſeptembre
ſuivant par le procureur dudit acquéreur, qui y
eſt nommé & qualifié honoré ſeigneur Jacques
de Coucy, eſcuyer, ſeigneur de Poillecourt,
devant le lieutenant en la juſtice de la terre &
ſeigneurie de Poillecourt. (*Original auſſi en
parchemin, ſigné F. Cathillon.*)

Loys de *Couſſy*, eſcuyer, ſeigneur de Poillecourt, & damoiſelle Marie de Bezannes ſa femme,
vendirent par acte paſſé à Reims le 30 may 1595,
devant Bonneſtrayne & Augier, à Jehan Richelet,
marchand, demeurant en la même ville, une rente
de ſeigle & d'avoine, moyennant 82 liv. tournois,

(*Minute originale* , *signée Louis de Coucy* ;
[**Nota** la différence de l'orthographe dans la
signature & dans l'acte.] *Marie de Bezannes*,
& des notaires.)

Loys de Coucy, efcuyer, Sr. de Poillecourt, &
damoifelle Marie de Bezannes fa femme, vendirent, par acte paffé au même lieu (Reims) le
même jour, devant les mêmes notaires, au même,
une pièce de terre affife à Poillecourt, contenant
un feptier & demy-quartel, moyennant 60 livres
tournois. (*Minute originale en papier*, *signée
Louys de Coucy*, *Marie de Bezannes*, *& defdits
notaires.*)

Louis de Coucy, efcuyer, & damoifelle Marie
de Bezannes, feigneur en partie de Poillecourt,
vendirent à Jacq. de Coucy *fon* fils (fir) plufieurs
pièces de terre araoles, fifes au terroir dudit
Poillecourt, moyennant 84 efc. s 10 fols tournois;
c'eft ce qu'on apprend de l'acte d'enfaifinement
defdites pièces de terres donné au procureur
dudit Jacques Pafqui Maigret, lieutenant en la
juftice d. dit lieu, le 25 août 1597. (*Reg. original
en papier du greffe de Poillecourt*, *coté P*,
page 19.)

Honorable homme Louys de Coucy, efcuyer,
Sr. de Poillecourt en partie, eft ainfi nommé
dans un acte du même lieutenant de la juftice
de Poillecourt, du penultième août 1597, par

lequel il donna à Jacques de Coucy son fils, Sr.
dudit lieu en partie, nantissement sur la moitié
des cens & rentes dudit Poillecourt. appartenant à lui Louys, de 400 écus d'or qu'il lui
avoit promis par son contrat de mariage du
5 avril 1590. (*Reg. id. p.* 21 *&* 22.)

Louys de *Coussy*, écuyer, seigneur de Poillecourt, vendit, par acte passé à Reims devant
Jehan Vaurouart & Nicolas de Laval, notaires
royaux de ladite ville, le 2 mars 1598, à Jacques
de *Coussy* son fils, écuyer, présent, la moitié
par indivis de tous les cens, rentes, surcens &
autres droits seigneuriaux de ladite terre &
seigneurie de Poillecourt, avec la haute,
moyenne & basse justice, pouvoir d'establir
maire, eschevins, greffier, sergent & autres
officiers en la justice dudit lieu de Poillecourt,
même le droit de chasse & de rivierre, partissant
ladite moitié à l'encontre dudit achepteur,
auquel appartenoit l'autre moitié par l'acquisition qu'il en avoit faite dudit vendeur, sçavoir
un tiers par acte passé devant Augier & Vaurouart, notaires royaux à Reims, le 18 avril
1594 & un autre tiers par autre contrat passé
devant Goujon & Gobrieu, notaires royaux à
Eséry, le dernier janvier 1596; de façon que
par le moyen de la *présente* acquisition, toute la
totalité desdits droits seigneuriaux appartint

audit Jacques : cette vente faite moyennant la
fomme de 150 efcus foleil ; & ledit Loys de
Coucy s'engagea de faire ratifier ladite vente par
damoifeille Marie de Bezannes fa femme. L'acte
de cette vente fuivi 1°. de la ratification faite
devant les mêmes notaires par ladite damoifelle
Marie de Bezanne, le 2 avril fuivant ; (*Groffe,
fignée par Briffot, mis à la place de Vaurouart
décédé, & de Laval, parchemin.*) & 2°. du
nantiffement donné le 7 mai 1598, par Pafqui
Maigret, lieutenant de M. le bailly de la juftice,
terre & feigneurie de Poillecourt, y demeurant
(fur la feigneurie dud. Poillecourt), de la fomme
de 117 efcus foleil, 55 fols tournois, à lui dus par
Jacques de *Couffy*, efcuyer, feigneur dudit
Poillecourt, fon fils, & reftans à payer de la vente
faite par ledit Loys audit Jacques, de la moitié
des droits feigneuriaux de la même terre, *figné*
de Laval. (*Original en parchemin.*)

Noble homme Louys de Coucy, efcuyer, Sr.
de Poillecourt, obtint, le 4 mai 1598, le nantiffement de la fomme de 117 efcus 55 fols à lui
dus par Jacques fon fils. (C'eft un double, à la
date près du nantiffement précédent.) (*Original
du reg. du greffe de Poillecourt, cité ci-devant,
coté P, 30.*)

Loys de Coucy, efcuyer, Sr. de Poilcourt, fit
ceffion, devant Augier & Bonneftrayne, notaires

royaux à Reims, le 8 juin 1601, à maître Nicaife Varlet, procureur au fiége préfidial de ladite ville, de la fomme de 6 efcus d'or fol. à lui due par Nicolas Gonnelle, hoftelain, demeurant à Semidde, pour trois années de louage, fait par ledit Sr. de Poillecourt audit Gonnelle, du droit qui lui compétoit dans une maifon affife à Semidde. (*Minute orig. en papier, fignée Loys de Coucy & defdits notaires.*)

Loys de Coucy, efcuyer, Sr. de Poillecourt, eft nommé dans l'affignation donnée le 12 feptembre 1601, par un fergent royal de Reims, audit Nicolas Gonelle, demeurant à Semidde, & pour payer audit Nicaife Varlet la fomme portée en l'acte précédent. (*Original en papier, figné J. Eftienne.*)

Loys de *Couffy*, efcuyer, Sr. de Poilcourt, & demoifelle Marie de Bezannes fa femme, demeurant à Villers-Franqueux, firent une obligation de 15 efcus fol. à honorable homme Charles Arnoult, bourgeois de Reims, par acte paffé en cette ville, le 13 mars 1602, devant Bifcot & Augier, notaires royaux. (*Minute originale en papier, fignée Louys de Coucy, Marie de Bezannes, & defdits notaires.*)

Loys de Coucy, efcuyer, Sr. de Poilcourt, & damoifelle Marie de Bezannes fa femme, demeurant à Villers-Franqueux, vendirent, par acte paffé à Reims devant Augier & Bonneftrayne, notaires royaux, le 19 juillet 1602, à Jehan Richelet, laboureur, demeurant à Ifle, une maifon & mazure, court, jardin, bois & pourpris affis à Poilcourt, moyennant 20 efcus fol. & ce en préfence & du confentement de Jacques de Coucy, efcuyer, Sr. dudit Poilcourt, *fils aîné defdits vendeurs.* (*Groffe en papier, fignée defdits notaires.*)

Loys de *Couffy*, efcuyer, Sr. de Poillecourt, demeurant à Villers-Franqueux, & damoifelle Marie de Bezannes, fa femme, préfentèrent requête à M. le bailly de Vermandois, ou fon lieutenant à Reims, pour faire contraindre Nicolas Gonet, dit Gaugnaige, demeurant à Semidde, de leur payer 4 efcus foleil qu'il leur devoit pour deux années de *louge* d'une maifon qu'il tenoit d'eux par bail paffé devant le Gras & Taillet, notaires à Reims, le 10 juillet 1600. Cette requête, *fignée* Louys de Coucy, (*original en papier*) répondue d'un *Soit fait comme il eft requis*, le 29 août 1602, *figné* Noiron; & fuivie de deux fignifications d'icelle & de ladite ordonnance des dernier août & 26 feptembre fuivant, *fignées* d'Eftienne.

Loys de *Couffy* & damoifelle Marie de Bezannes, fa femme, font nommés dans une requête préfentée au même juge par damoifelle Nicolle de Coucy leur fille, pour être reçue à faire le retrait d'une maison située à Poillecourt, vendue par fefdits père & mère à Jehan Richelet, laboureur, demeurant à Ifle, avec offre de lui en rembourfer le prix. Cette requête, *fignée Barlet*, (*Original en papier*) répondue le 9 feptembre 1602 d'un Soit fait comme il eft requis, *fignée Goujon*, & fuivie de la fignification d'icelle ainfi que de ladite ordonnance par un fergent audit Richelet, du lendemain, *fignée Guyot*. (*Original en papier.*)

Loys de Coucy & damoifelle Marie de Bezannes fa femme font nommés dans une fentence de deffaut obtenue au préfidial de Reims, le 18 juillet 1603, par damoifelle Nicole de Coucy leur fille, âgée de vingt-cinq ans & ufante de fes droits, contre Jean Richelet, laboureur, demeurant à Ifle, fur lequel elle demandoit à faire le retrait d'une maison située à Poillecourt, à lui vendue par lefdits Loys & Marie, du 19 juillet 1602. (*Expédition en papier*, *fignée Joffeteau.*)

Loys de Coucy & fa femme, non nommée, font encore rappellés dans une autre fentence du même fiège, qui ordonna ledit retrait, du 23 juin 1603. (*Expédition en papier, fignée Joffeteau.*)

JACQUES DE COUCY, efcuyer, demeurant à

Poillecourt (fils de Louis de Coucy & de Marie
de Bezanne) épousa, par contrat passé devant
Antoine du Chesne & Antoine Vilain, notaires
royaux à Tismes, le 5 août 1580, damoiselle
Anne de la Bruyere. (*Reg. orig. du greffe de
Poillecourt, p. 21 & 22, coté* **P.**)

Leurs enfans furent:

BENJAMIN DE COUCY, ci-après.
JEAN DE COUCY, sans postérité.
FRANÇOIS DE COUCY, seigneur de Bercy.
Et plusieurs filles.

BENJAMIN DE COUCY, escuyer, seigneur de
Poillecourt, fils aîné de Jacques de Coucy &
d'Anne de la Bruyere, épousa 1°. damoiselle
Marguerite de Courtil : elle testa en 1628, le 5
septembre, & mourut sans enfans.

Benjamin de Coucy épousa en secondes noces
Louise de Vandiere, dont il eut pour enfans :

FRANÇOIS DE COUCY, ci-après.
GUILLAUME DE COUCY, dont la postérité
est éteinte.

FRANÇOIS DE COUCY, escuyer, seigneur de
Poillecourt, épousa, par contrat du 4 juillet 1665,

damoiselle Anne de Hezeque , fille de Charles
de Hezeque , seigneur de Saint - Pierremont.
(*Grosse en papier , signée desdits notaires.*)

Leurs enfans furent :

CLAUDE DE COUCY , mort sans postérité.
HENRY DE COUCY , ci-après.

HENRY DE COUCY , escuyer , seigneur de
Poillecourt & autres lieux , épousa , par contrat
passé le 18 décembre 1713 , damoiselle Marie-
Charlotte Dubois , fille de mr. Nicolas Dubois , escuyer , seigneur d'Escordal & du Mon-
chouet, & de dame Madeleine-Louise de Hezeque. Il servit avec beaucoup de distinction : il
mourut brigadier des armées du roi, le 23 février
1733 , & laissa pour enfans :

CHARLES-NICOLAS DE COUCY , ci-après.
NICOLAS DE COUCY , capitaine de Dragons,
tué au service en 1734.
JEAN - FRANÇOIS DE COUCY , abbé de
St.-Autmin & prieur d'Hinacourt près St.-Quentin,
MADELEINE-LOUISE DE COUCY , mar-
quise de Fulchamberg.

CHARLES - NICOLAS DE COUCY , escuyer,

feigneur de Poillecourt , Juzancourt , Efcordal ,
&c. époufa , par contrat paffé le 4 janvier 1743 ,
damoifelle Anne - Marie - Henriette Dubois de
Laubrêle, fille de meffire Jean Dubois, chevalier , feigneur d'Efcordal en partie , Quatrechamps , Vendy, Noirval, Laubrêle, &c. Il a
fervi 30 ans dans le régiment de Touraine : fes
enfans vivans, font :

FRANÇOIS-CHARLES , qui fuit.

JEAN - CHARLES , aumónier de la reine ,
vicaire général de Reims, & abbé de l'abbaye d'Igny.

PHILIPPE-LOUIS , capitaine au régiment de
Poitou.

ANGÉLIQUE-AIMÉE DE COUCY , chanoi-
nelle du chapitre de Maubeuge.

MARIE-FRANÇOISE DE COUCY , dite de
Bercy , auffi chanoineffe de Maubeuge.

ANNE-GABRIELLE , encore jeune , élevée
dans la maifon de Saint-Cyr.

FRANÇOIS-CHARLES DE COUCY , chevalier,
feigneur de Poillecourt , Efcordal , Quatrechamps , Bercy , &c. l'aîné de fa maifon, eft
colonel du régiment de Navarre.

TRADUCTION du récit d'Hémeray.

Le roi Philippe étant allé à Jérufalem l'an 1188, ce voyage procura à *Jacques d'Averves*, à *Jean de Saint-Simon*, & à *Rodolphe* ou *Raoul de Coucy*, l'occafion de fe fignaler par leur courage & leur expérience dans l'art militaire.

Le poëte *Fauchet* prétend que ce *Raoul* eft le même feigneur dont l'amour illicite occafionna un des événemens les plus affreux qu'on ait vus dans l'hiftoire. Je vais rapporter ici en peu de mots la relation qu'il dit avoir lue dans un ancien hiftorien de France.

« *Rorigon* ou *Rogon de Faïel*, dont j'ai parlé dans plufieurs endroits, était feigneur de ce lieu fous les comtes (de Vermandois) *Raoul* & *Philippe*, & ne fut pas moins célèbre par les dignités dont il était revêtu que par les richeffes dont il jouiffait. *Odon de Faïel*, fon fils, fut un des plus riches feigneurs du Vermandois ».

« La feigneurie de *Faïel* eft près de Saint-Quentin , & a quantité de vaffaux. On y voit un vieux château & un bois qui fuffifent pour montrer l'opulence de celui à qui elle appartenait. *Raoul de Coucy* avait du talent pour la poésie, & devint éperdument amoureux, *dans sa vieillesse*, de la femme d'*Odon* (& non point de *Rorigon*, celle-ci étant pour lors âgée & hors d'état d'avoir des enfans.) Il paraît que la dame ne fut point insensible à son amour. La croisade ayant été publiée dans ce tems-là, le châtelain prit la croix ; & ayant été prendre congé de sa maîtresse, elle lui donna un bracelet fait de ses cheveux, enrichi de plusieurs perles, dans l'espoir que ce présent, qu'elle regardait comme un gage de son amour, le porterait à se souvenir d'elle durant son absence ».

« *Raoul* se signala dans l'expédition d'Asie ; & s'étant trouvé engagé dans une bataille près de la ville d'Acre, il reçut un coup de flèche dont la blessure fut telle qu'il prévit dès l'instant qu'il en mourrait ».

« S'étant fait porter dans sa tente, il écrivit à sa maîtresse une lettre par laquelle il la remerciait des bontés qu'elle avait eues pour lui, & lui marquait, peut-être au préjudice de son ame, la manière dont il mourait pour la défense de la religion chrétienne. Il ordonna à son écuyer d'ouvrir son corps dès qu'il serait mort, d'embaumer son cœur, de l'enfermer, avec son bau-

drier & quelques autres préfens qu'il lui remit ,
dans une caffette, & de la porter à la dame *de
Fâiel* qui était pour lors dans le Vermandois ».

L'annalifte ajoute que l'écuyer, étant arrivé à
Saint-Quentin , fe tint quelque tems caché dans
un bois voifin , en attendant l'occafion de pouvoir s'aboucher avec la dame. « Malheureufement *Odon* le furprit, & lui ayant demandé le
fujet de fon meffage, il lui répondit en tremblant
qu'il était chargé d'une lettre du *châtelain de
Coucy*, qu'il lui avait promis de remettre en
mains propres à la dame *de Fâiel* ».

« *Odon* la lut, & lui ayant fait quelques autres
queftions au fujet du châtelain , l'écuyer lui dit
qu'il avait été tué d'un coup de flèche , qu'il
avait embaumé fon cœur conformément à l'ordre qu'il lui avait donné en mourant, & qu'il
le portait à la dame avec quelques autres préfens ».

« *Odon* frémit en ouvrant la caffette ; & ayant
renvoyé l'écuyer, il ordonna à fon cuifinier
d'apprêter le cœur & de le fervir fur la table ».

« La dame en mangea, & l'ayant trouvé de
fon goût, elle s'en fit fervir une feconde foir.

Odon lui demanda ſi elle le trouvait bon ; elle lui répondit qu'oui , mais qu'elle ignorait ce que c'était. Alors il lui remit la lettre du châtelain ; elle la lut & verſa un torrent de larmes , puis lui dit que ce mets lui avait tellement plu qu'elle était réſolue de n'en plus goûter d'autre ; en effet elle ſe laiſſa mourir de faim ».

S'il m'eſt permis , dit *Hémeray* , de haſarder mes conjectures , je croirais que le *châtelain de Coucy* dont il eſt ici queſtion , était fort inférieur au *ſire de Coucy* , tant en richeſſes qu'en autorité ; en effet, quel aſyle aurait pu trouver *Odon* , ſi, après avoir pouſſé la barbarie juſqu'à faire apprêter le cœur de *Raoul* , il avait eu l'imprudence de le faire ſervir à table ? *Enguerrand* ſon fils , qui était très-puiſſant , n'aurait-il point vengé l'offenſe faite à ſa famille , & exterminé de fond en comble la maiſon de *Faïel ?*

Raoul mourut en 1191 , & fut enterré à Laon dans l'abbaye de Foigny. Il laiſſa un fils nommé *Enguerrand* , qui mourut en Syrie (1) l'an

(1) Hémeray ſe trompe , Enguerrand mourut à une lieue de Vervins en paſſant une rivière à gué, comme nous l'avons dit page 9.

1240, & fut enterré dans l'abbaye de *Long-Pont*, après avoir fait plufieurs legs à l'églife de Saint-Quentin. Il eut pour fucceffeur *Raoul*, qui fut tué à la *Maffoure* en Afrique avec *Robert*, comte d'*Artois*, en 1249. *Enguerrand*, fon frère & fon héritier, fit tranfporter fon corps en France, & le fit inhumer à Laon dans l'églife de Saint Martin.

Pour admettre la vérité de cette relation d'*Hémeray* d'après *Fauchet*, il faudrait que le héros du roman eût été Raoul II, tué à la Maffoure en 1249. *Odon de Faïel* ayant en 1243 donné 10,000 liv. à fa fœur pour fe faire religieufe, pouvait être en 1249 le mari de l'amante de Raoul; mais nous avons affez prouvé que le véritable n'a pu être que Raoul, neveu de Raoul Ier fire de Coucy, & châtelain du château de fon oncle. L'hiftoire tragique s'étant fûrement paffée en 1191, ou au plus tard en 1192, le feigneur de Faïel ne pouvait donc être cet *Odon* qui n'était pas né alors, mais *Aubert* fon grand-père; & les pieufes donations du fils & du petit-fils font des probabilités plus que fuffifantes pour appuyer notre fentiment. Nous regardons donc le récit d'Hémeray comme entièrement faux, contredit par le rapport de tous les hiftoriens, & mal combiné dans les faits qu'il rapporte; car fi

Raoul de Coucy, amant de la dame de Faïel,
fut tué en 1191 au fiège d'Acre, l'époux de cette
dame ne peut avoir été *Odon* , jeune encore en
1243 , & dotant alors fa fœur pour fe faire religieufe ; & fi la femme de cet *Odon* a été la
trifte victime de la fureur jaloufe de fon mari,
Raoul de Coucy, fon amant, n'a pu finir fes jours
à la prife d'Acre en 1191. Le récit d'*Hémeray*
eft donc entièrement à rejeter, puifqu'une partie
détruit l'autre.

*EXTRAIT du Roman du châtelain de Coucy &
de la dame de Faïel, qui est à la bibliothèque
du Roi sous le numéro 195, & qui a été écrit
vers 1228.*

Comme nous ne rapportons ici que la plus
exacte vérité, nous ne cacherons point à nos
lecteurs que l'auteur de ce manuscrit assure dans
on début, qu'il a entrepris d'écrire ce *conte*
pour plaire à sa dame :

        " Amours, qui est principaument
        Voie de vie honnestement,
        M'a donné vouloir de retraire
        Un *conte* de très noble afaire ,,.

Il dit encore à la troisième page:

        " Fait mon cœur à compter un *conte*
        Qui n'est ne de roi ne de comte,
        Ains est d'un chevalier si preu ,,....

Reste à savoir si le mot *conte* signifiait alors
ce qu'il signifie aujourd'hui. Dans ce cas, l'auteur
aurait imaginé la plus grande partie des faits de
ce roman , & sur-tout son dénouement tragique,
qui n'est rapporté que par lui & par l'auteur de

la vieille chronique dont parle Fauchet ; mais cependant le fond de cette histoire ne serait pas moins vrai , puisque les chansons du châtelain existent dans des manuscrits qui ont près de quatre cents cinquante ans d'ancienneté , que tous les auteurs contemporains en parlent , & que les poëtes de son tems le citent souvent comme un modele d'amour.

Renaud (1), châtelain de Coucy , devient amoureux de la dame de Faïel , dont le château était près de Saint-Quentin. Un jour qu'il sait qu'elle est seule , il va lui declarer sa passion. Elle répond que jamais elle ne manquera à son mari. De retour chez lui , il essaie de l'attendrir par une chanson qu'il lui envoie par un méné-trier (2). Quelque tems après , il retourne à Faïel : le mari allait aux plaids , il exige que le châtelain reste au château ; celui-ci en profite pour presser de nouveau la dame. Elle fait la même réponse , mais elle consent à lui donner quelque chose qu'elle ait porté. Il lui demande

(1) L'auteur du Chef-d'œuvre d'un inconnu donne le même nom au châtelain de Coucy. *Voy.* page 246. La Haye , 1716.

(2) *Voyez* à la fin de cet article la première chanson du châtelain, *Pour verdure ne pour prée,* Elle est dans le ma-nuscrit,

une de ſes manches (3), dont il veut orner (4)
ſon bras droit au tournoi que le *ſire* (5) *de
Coucy* doit donner bientôt entre *la Fere & Ven-
deuil*, près de l'Oiſe; & la dame la lui donne.
L'auteur fait du tournoi une longue deſcription
qui tient environ le quart de ſon ouvrage. Il
paraît qu'il était fort inſtruit dans le blaſon; car
il n'y a pas un ſeul chevalier dont il ne blaſon-
ne l'écu (6). Renaud ſe diſtingue au tournoi

(3) De Belloy, dans ſon extrait, fait de cette *manche un
bracelet*. Il y a cependant dans l'original :

    " Vouroie une mance de vous
    Ridée as las large deſſous ,,.

(4) *Voyez* la chanſon ci-après, qui commence par *La
douce voix du roſſignol.*

(5) Le *châtelain* & le *ſire de Coucy* ſont donc deux
perſonnages différens; l'auteur des chanſons, qui eſt le
châtelain, ne peut donc être ni *Raoul I*, ni *Raoul II*, qui
tous deux étaient *ſires de Coucy*. Mais ce *ſire de Coucy*, qui
préſidait à ce tournoi, devait être *Raoul I*, quoique l'auteur
(apparemment par mépriſe) le nomme *Enguerrand* ; on en
verra bientôt des preuves. Ce tournoi doit être en 1188,
89 ou 90.

(6) Les ſeigneurs & gentilshommes qui aſſiſtent au tournoi,
ſont entr'autres : le duc de Limbourg, le comte Philippe de
Namur, le comte de Hainaut, meſſire Arnould d'Oudenarde,
meſſire Philippe de Jaſeelle, Gautier de Sorel, Enguerrand
de Randon (qui joûta contre le ſire de Coucy), Geoffroy
de Loſengnon, Lambert de Longueval, le comte de Blois,

par fa valeur & fon adreffe. Il eft cependant
bleffé au bras ; mais cette bleffure ne l'empêche

Gautier de Châtillon, Falleni, Gobart d'Apremont, Jean
de Hangeft, Arnoud de Mortague, Hugues de Rumigny, le
fire de Manteville, le fire de Gauville, le comte Simon
de Montfort, Gaulas de Moi, le feigneur de Montmorency,
le feigneur de Faïel, le feigneur de Ber, Hugues de Loatt,
Dreux de Chauvigny, Charles de Rembercourt. Une dame,
après le repas qui précède le tournoi, chante cette efpèce de
triolet, que nous rapportons pour prouver l'ancienneté de ce
genre de poéfie :

> Toute voftre gent
> Sont li plus joli du tournoiement.
> S'aime loiaument
> Toute voftre gent ;
> Et pour cele di qu'il ont maintien gen (gentil)
> Toute voftre gent.

A un autre repas, dans une autre circonftance, des dames
chantent auffi des triolets que tout le monde répète en
chœur. L'auteur en rapporte deux. Le deuxième, chanté par
la dame de Faïel, mérite feul d'être connu, parcequ'il eft
exactement coupé comme les triolets de nos jours.

> J'aim bien loiaument ;
> Et s'ay bel amy .
> Pour qui di fouvent,
> J'aim bien loiaument.
> Eft miens ligement ;
> Je le fai de fy. (certainement)
> J'aim bien loiaument,
> Et s'ay bel amy.

point de fe trouver au feftin que le *fire de Coucy*
donne dans la prairie aux dames & aux chevaliers : il y vient avec le bras en écharpe , &
on lui adjuge le prix du tournoi. C'eft un faucon,
que lui préfente la comteffe de Soiffons à la
tête des dames.

La dame de Faiel, qui avait été témoin de
fa valeur, cede enfin à tant de mérite , & lui
permet de fe rendre chez elle à certain jour où
fon mari devait être abfent. Là ils prennent des
précautions pour fe voir en sûreté & cacher
leurs amours. La dame met dans fa confidence
Ifabelle fa femme-de-chambre , qui était fa
coufine-germaine : c'eft à celle-ci que le châtelain doit faire paffer fes lettres ; & il fe fert
pour fon meffager d'un commiffionnaire gagné
par argent, auquel il fait accroire qu'il aime la
chambriere.

Près de la garderobe de la dame , eft un bofquet , dont la porte donne dans le bois voifin.
On promet de la tenir ouverte la nuit , & l'on
y donne un rendez-vous au châtelain. Cependant, d'après quelques réflexions de la coufine ,
la dame fe propofe de l'éprouver encore. Elle
fe rend la nuit à la porte du bofquet , mais elle
ne l'ouvre pas. Elle entend le châtelain faire fes
complaintes ; il baife cette porte qu'elle a tou-
chée de fes belles mains ; & enfin , quand le jour

paraît, il se retire désespéré (7). Il tombe malade
si dangereusement qu'on craint pour ses jours.

A cette nouvelle, la dame se repent de l'épreuve
qu'elle lui a fait subir. Heureusement elle est
invitée à une noce qui doit se célébrer à Chauvigny ; elle y entend dire à la dame de Changis,
parente du châtelain, qu'elle veut aller le voir ;
elle lui dit sur-le-champ : " Puisque vous allez
chez le malade, mon char a été versé en route,
ma femme-de-chambre en a été blessée ; laissez-
moi la vôtre pour me servir, je vous en supplie.
Malgré cela, la mienne est en état de vous
accompagner ". Telle est la ruse qu'elle emploie
pour faire dire par sa femme - de - chambre un
mot de sa part à son amant.

Le troc a lieu, & Isabelle trouve le moyen
de remettre au châtelain des tablettes qui lui
rendent la joie & la santé. Il obtient un rendez-
vous nouveau, où il est plus heureux que la première fois. Il jouit pendant quelque tems sans
trouble de son bonheur, mais enfin on le trahit.

A une fête où il se trouve avec sa dame, il
laisse échapper un regard & un soupir qui sont
apperçus par une dame (8) jeune, aimable,

____

(7) *Voy.* la chanson, *Quand li été & la douce séson.*

(8) L'auteur ne nomme point cette dame, & de Belloy
remarque judicieusement que c'est parce que peut-être elle
vivait encore en 1228, année où le manuscrit peut avoir
été mis au jour.

mais

mais qui aimait le châtelain, & qui, foupçonnant auffi-tôt la vérité, le fait épier, & décou-
vre qu'il fe rend la nuit au château de Faïel,
quand l'époux eft abfent.

Auffi-tôt qu'elle en eft fûre, elle avertit
l'époux, qui, pour s'en convaincre, feint de
s'abfenter & va fe cacher dans le bois. Bientôt
il voit entrer le châtelain qu'on avoit averti de
fon abfence. Certain alors de fon déshonneur,
il fe propofe de furprendre les deux amans
enfemble. A la faveur de l'obfcurité, il entre
par la petite porte en même tems que lui, &
appelle auffi-tôt fes valets. Cette dame, indifpo-
fée, était reftée au lit; la fuivante feule avait
été ouvrir. Le châtelain a la préfence d'efprit
de dire qu'il ne vient que pour Ifabelle, qui,
par attachement pour fa maitreffe, en convient.
L'abfence de la dame favorifait ce menfonge.
Faïel veut chaffer Ifabelle ; Gobert, fon écuyer
& fon parent, obtient de lui que, pour éviter
l'éclat (9), elle reftera encore huit jours au
château (10).

(9) Il repréfente à fon maître que le châtelain eft trop
bien *apparenté* pour que la famille ne foit pas à redouter. Il
était donc de la maifon de Coucy ; & s'il en était, il ne
pouvait être que *Raoul*, neveu de Raoul I, puifqu'ils
étaient les deux feuls *Coucy* qui exiftaffent alors.

(10) *Voy.* la c banfon ; *Au renouvel.*

G

Hors d'état de fervir déformais fa confine
dans fes amours, la pauvre Ifabelle, avant que
de partir, lui confeille de s'attacher Gobert, &
lui répond de fa fidélité. Le confeil eft fuivi.
L'écuyer promet de fervir fa maîtreffe ; mais
comme la jaloufie de Faïel ne lui permet plus
de s'éloigner de chez lui , Gobert prend le
parti de quitter fon fervice, fous prétexte qu'il
a befoin, pour acquérir quelque gloire, de fuivre
les tournois. Faïel y confent : il lui permet même
de paffer au fervice du châtelain, qui était fort
renommé dans ce genre de combats.

Ce dernier avait appris par Gobert quelle
était la caufe fecrete de tout cet éclat, & il
fe propofait de fe venger de la dame qui l'avait
trahi. Il fe rend chez elle, la cajole, & lui
demande ce qu'elle ne demandait pas mieux que
d'accorder. Le rendez-vous eft fixé dans un bois :
mais au moment qu'elle fe prépare à lui donner
la derniere preuve d'amour, Ifabelle & Gobert
qui s'étaient cachés, avertis par le châtelain,
fe montrent tout-a-coup ; & la malheureufe fe
retire couverte de confufion, après avoir effuyé
une fi terrible leçon.

Gobert procure une entrevue aux deux amans
pendant l'abfence du mari. Il vient au château,
avec un écuyer qu'il dit bleffé, & qui avait un
linge autour de fa tête : cet écuyer n'était autre

que le châtelain, qui paſſe toute la nuit auprès de
ſa belle. Quelque tems après, Faïel allant, avec
ſa femme, à Saint Maur-des-Foſſés, Renaud a
encore le même plaiſir dans leur route, chez
un meûnier qu'il a gagné. Une autre fois il
pénètre dans le château, déguiſé en mercier.

A cette derniere entrevue, il apprend que
Faïel a déclaré qu'il voulait ſe croiſer. Gobert,
qu'il conſulte, lui conſeille de prendre auſſi la
croix, pour pouvoir ſuivre ſa maîtreſſe (11).
Il paſſe donc en Angleterre, ſous prétexte
d'aſſiſter à un tournoi qu'a annoncé le roi
Richard; mais il ſavait devoir y trouver un
cardinal qui venait d'y paſſer pour prêcher la
croiſade; il y prend la croix avec Richard &
un grand nombre d'autres ſeigneurs. Le cardinal
repaſſe en France: la dame de Faïel veut ſe
croiſer; mais ſon mari s'y oppoſe, & il déclare
que ſa ſanté ne lui permettant pas de faire un
voyage auſſi long, il reſtera en Europe.

Déſeſpoir des deux amans. Renaud eût bien
voulu ne pas partir; mais c'était ſe déshonorer
& ſe trahir. Il ne lui reſtait qu'un ſeul eſpoir,
celui de revenir bientôt auprès de ſa dame.
Déguiſé en aveugle, il trouve le moyen d'en‑
trer chez elle pour lui faire ſes adieux. Elle lui

____

(11) Voyez la chanſon, *Au nouvel tems que mai ſe*
rivlette

donne pour gage de son amour des *treffes de ses cheveux* (12), qu'elle coupe & qu'elle enveloppe dans un morceau de cendal (taffetas) (13).

Le châtelain, défefpéré, s'embarque à Marfeille, avec Gobert, fur la flotte de Richard : ils arrivent devant Acre, qu'ils trouvent au pouvoir des chrétiens. Richard, qui veut acquérir quelque gloire, va attaquer les Sarrazins. Il remporte une victoire, à laquelle contribue le châtelain, & dont le fruit eft la conquête d'Afcalon & de Céfarée. Mais un jour qu'il était dans un château, il fe trouve tout-à-coup attaqué par les Sarrazins. Le brave Renaud fait une fortie à la tête de quelques troupes; il les repouffe, mais il eft bleffé d'une flèche empoifonnée, & les médecins lui annoncent qu'il en mourra. Il veut paffer en France pour voir encore fa mie, dans l'efpoir que fa préfence le guérira. Un vaiffeau, fur lequel étaient deux cardinaux & d'autres paffagers, allait mettre à la voile; il y monte. Mais dans le paffage fon mal empire, & il fe voit fans efpérance. Alors il baife amoureufement les treffes chéries, fait venir un clerc, auquel il dicte une lettre pour elle : il ordonne au fidèle

(12) De Belloy y ajoute un anneau, mais il n'en eft pas queftion dans le manufcrit.

(13) *Voy.* la chanfon, *A vous, amant, plus qu'à tout autre.*

Gobert, dès qu'il fera mort, de le faire ouvrir, de prendre & d'embaumer fon cœur, & de le porter avec les treffes & fa lettre à la dame qu'il aime. Il fe confeffe enfuite à un des cardinaux, qui le communie, en l'exhortant à efpérer pour fon falut, puifqu'il meurt *au fervice de Dieu*. Un inftant après, il meurt en recommandant à Gobert de faluer fa dame. Le fidèle écuyer accomplit les ordres du châtelain. De retour en France, il veut fe rendre au château de Faïel. Malheureufement il rencontre l'époux, qui, furieux contre lui, parce qu'on l'avait inftruit que Gobert avait fervi les amours du châtelain, & foupçonnant qu'il vient encore pour le même motif, veut le tuer. Gobert demande grâce & avoue la vérité. Le jaloux prend la boîte qui renferme les treffes, la lettre & le cœur. Il appelle fon cuifinier (14), lui ordonne d'apprêter ce cœur, & le fait fervir à fa femme, qui vante beaucoup ce ragoût, & convient que jamais « ne mangea plus *favoureus mes* ». Faïel lui apprend que c'eft le cœur de fon amant, &, pour l'en convaincre, lui lit la lettre & lui montre les treffes. La malheureufe, faifie d'horreur, fe

(14) " Son *meftre queux* mift à raifon ,
      Et li comande eftroitement, &c. „ .
On nomme encore aujourd'hui *maîtres queux*, les cuifiniers du roi qui font en charge.

contente de répondre qu'après avoir pris une
telle nourriture, ce fera la derniere (15) de fa
vie : on l'emporte fans connaiffance ; mais elle
ne reprend fes fens que pour regretter fon fidéle
amant, & meurt bientôt après.

Faiel, craignant que les parens de fa femme
ne vengeaffent fa mort, la fait inhumer avec
beaucoup d'honneur, & part pour la Terre-
Sainte, afin de fe fouftraire à leur colére. Le
fouvenir de fa barbarie le pourfuit par-tout :
lorfqu'il fut revenu chez lui, on ne le vit jamais
rire, & il furvécut fort peu à fa femme. Ainfi,
dit l'auteur,

> . . . " Vous finirai l'hiftoire
> Et li *contes* des vrais amans. . . .
> Et tel doivent être fi fait
> Tout cil qui font amant parfait ,,.

Il ajoute qu'il n'a entrepris cet ouvrage que
parce que l'amour l'enflamme auffi pour une
dame aimable. Il dit qu'il va rimer fon nom,
mais de maniere que perfonne ne pourra le

---

(15)　　" Je vous affi certainement
　　　　Qu'an nul jour mes mengeray ;
　　　　D'autre morcel ne metteray
　　　　Defeure fi gentil viande ,,.

deviner : il ajoute que , pourvu que fa belle le
fache & l'en récompenfe , il fera content (16).

Chronique écrite vers 1380 , *& citée par Fauchet.*

" Au tems que le roy Philippes régnoit & le
roi Richart d'Angleterre vivoit , il y avoit en
Vermandois un autre moult gentil , gaillard &
preux chevalier en armes . qui s'appeloit Regnault
de Couci , & eftoit chaftelain de Couci. Ce chevalier fut moult amoureux d'une dame du pays ,
qui eftoit femme du feigneur de Faïel. Moult
orent de poine & travail pour leurs amours , ce
chaftelain de Couci & la dame de Faïel : fi comme
l'hiftoire le raconte , qui parle de leur vie dont
il y a roman propre. Or advint que quand les
voyages d'outre-mer fe firent , dont il eft parlé
ci-deffus , que les roys de France & d'Angleterre
y furent , ce chaftelain de Couci y fut , pour ce
qu'il exercitoit volontiers les armes. La dame de
Faïel , quand elle fçeut qu'il s'en devoit aller ,
fift un laqs de foye moult bel & bien fait , & y
avoit de fes cheveux ouvrés parmi la foye : dont

____

(16) Du Verdier fait mention d'un roman de la *chaftel-
laine de Vergy* , imprimé à Paris , *in-*16, par Denis Jannot
(p. 243, anc. edit.) : il n'a pas obfervé fi ce roman eft
en vers ou en profe. Il eft peut-être un abrégé en profe de
celui qui vient d'être analyfé.

l'œuvre sembloit moult belle & riche, dont il
lioit un bourrelet moult riche par deſſus ſon
heaume : & avoit longs pendans par-derriere, à
gros boutons de perles. Le chaſtelain alla outre
mer, à grant regret de laiſſer ſa dame par deçà.
Quand il fut outre mer, il fit moult de chevale-
ries : car il étoit vaillant chevalier, & avoit grant
joye que on rapportaſt par deçà nouvelles de ſes
faits, à fin que ſa dame y priſt plaiſir. Si advint
qu'à un ſiége que les Chreſtiens tenoyent devant
Sarrazins oultre mer, ce chaſtelain fut feru d'un
quarel au coſté bien : du quel coup il lui convint
mourir. Si avoit à ſa mort moult grant regret à
ſa dame : & pour ce appella un ſien eſcuyer, &
lui dit je te prie que quand je ſeray mort, que
tu prennes mon cœur, & le met en tel maniere,
que tu le puiſſe porter en France à ma dame de
Faïel, & l'enveloppe de ces longes icy : & lui
bailla le las que la dame avoit fait de ſes cheveux,
& un petit eſcrinet, où il avoit pluſieurs anelez
& diamans, que la dame lui avoit donnez, qu'il
portoit touſjours avant luy, pour l'amour & la
convenance d'elle. Quand le chevalier fut mort,
ainſi le fit l'eſcuyer : & priſt l'eſcrinet, & lui
ouvrit le corps, & priſt le cœur, & ſala & confit
bien en bonnes eſpices, & mit en l'eſcrinet avec
le las de ſes cheveux, & pluſieurs anelez &
diamans, que la dame lui avoit donnez, &

avecques une lettres moult piteufes, que le
chaftelain avoit efcrite à fa mort & fignée de fa
main. Quand l'efcuyer fut retourné en France,
il vint vers le lieu où la dame demeuroit : &
fe bouta en un bois près de ce lieu : & luy mes-
advint tellement, qu'il fut veu du feigneur de
Faïel, qui bien le cogneut. Si vint le feigneur
de Faïel à tout deux fes privez en ce bois, &
trouva cet efcuyer, auquel il voult courir fus
en defpit de fon maître qu'il hayoit plus que nul
homme du monde. L'efcuyer lui cria merci : &
le chevalier luy dit, ou je te occiray, ou tu me
diras où eft le chaftelain. L'efcuyer luy dit qu'il
eftoit trefpafsé : & pour ce qu'il ne l'en vouloit
croire, & avoit ceft efcuyer paour de mourir,
il luy monftra l'efcrinet pour l'en faire certain.
Le feigneur de Faïel prift l'efcrinet, & donna
congé à l'efcuyer. Ce feigneur vint à fon queux,
& luy dit qu'il mît ce cœur en fi bonne maniere,
& l'apareillaffe en telle confiture, qu'on en peut
bien manger. Le queux le fit : & fit d'autre
viande toute pareille, & mit en bonne charpente
en un plat : & en fut la dame fervie au difner :
& le feigneur mangeoit d'une autre viande qui
luy reffembloit : & ainfi mangea la dame le cœur
du chaftelain fon ami. Quand elle ot mangié, le
feigneur lui demanda, Dame, avez-vous mangé
bonne viande ? & elle lui refpondit qu'elle l'avoit

mangée bonne: il luy dit, pour cela vous l'ay-je fait apareiller; car c'eſt une viande que vous avez moult amée. La dame qui jamais ne penſaſt qué ce fuſt, n'en dit plus rien. Et le ſeigneur lui dit de rechef: ſçavez que vous avez mangé? & elle répondit que non: & il lui dit, adonc, or ſachiez que vous avez mangé le cœur du chaſtelain de Couci. Quant elle ot ce, ſi fut en grand penſée pour la ſouvenance qu'elle eut de ſon ami: mais encores ne peut-elle croire cette choſe, juſques à ce que le ſeigneur luy bailla l'eſcrinet, & les lettres. Et quant elle vit les choſes qui eſtoyent dedans l'eſcrinet, elle les cogneut: ſi commença lire les lettres, quant elle cogneut ſon ſigne manuel & les enſeignes. Adonques commença fort à changer, & avoir couleur: & puis commença fortement à penſer. Quand elle ot penſé, elle dit à ſon ſeigneur: il eſt vray que ceſte viande ay-je moult amée: & croy qu'il ſoit mort, dont eſt domage, comme du plus loyal chevalier du monde. Vous m'avez fait manger ſon cœur, & eſt derniere la viande que je mangeray onques: ne onques je ne mangé point de ſi noble, ne de ſi gentil. Si n'eſt pas raiſon que aprés ſi gentil viande, je en doye mettre autre deſus: & vous jure par ma foy que jamais je n'en mangeray d'autre aprés ceſte cy. La dame leva le diſner, & s'en alla en ſa

chambre , faisant moult grant douleur ; & plus
avoit de douleur qu'elle n'en monstroit, la chere.
Et en celle douleur , à grands regrets & com-
plainte de la mort de son ami , fina sa vie &
mourut. De ceste chose fut le seigneur de Faïel
courroucé, mais il n'y peut mettre remede , ne
homme ne femme du monde. Cette chose fut
sçeue par tout le pays , & en ot grant guerre le
seigneur de Faïel aux amis de sa femme : tant
qu'il convint que la chose fut rapaisée du roy
& des barons du pays ».

CHATELAINS *de* COUCY, *prouvés par titres.*

TIEZON en 1059. Après lui deux de ses fils.
RENAUD en 1095.
GUI en 1107.
GUI, son fils, en 1112.
ROGER avant 1116.
GUI III en 1170.
JEAN & YVUS de *Coucy*, avant 1198.
GUI IV en 1198.
RENAUD en 1280.

Il y a à l'abbaye de Nogent-sous-Coucy , une
chartre de 1086 , à laquelle souscrit *Ti zzo* &
Wido & *R. filii ejus.* Cette *R* seule a pu faire
naître le doute entre *Raoul* & *Renaud ;* mais

il paraît levé par une autre chartre de 1095 ;
à laquelle on voit en toutes lettres la signature
du châtelain ainsi : *S. Rainaldi de Cociaco qui
hoc obtinuit confirmari.*

On ne voit point dans cette liste des châtelains
de Coucy prouvés par titres, le *Raoul de Coucy*
dont nous avons besoin en 1191. Il est fâcheux
qu'il ne nous reste aucun titre qui prouve que
ce *Raoul* était châtelain entre *Gui III*, & *Jean*
qui l'était sûrement avant 1198.

Fin du Tome premier.

9 782329 757858